LES

Coulisses de la Mode

DU MÊME AUTEUR

PARIS-VIVANT

—

L'ESTOMAC DE PARIS

Un volume in-18 à 3 fr. 50

LE PAVÉ PARISIEN

Un volume in-18 à 3 fr. 50

EN PRÉPARATION

—

LA CORRUPTION A PARIS

Un volume in-18 à 3 fr. 50

Imp. de la Soc. de Typ.- NOIZETTE, 8, r Campagne 1re Paris.

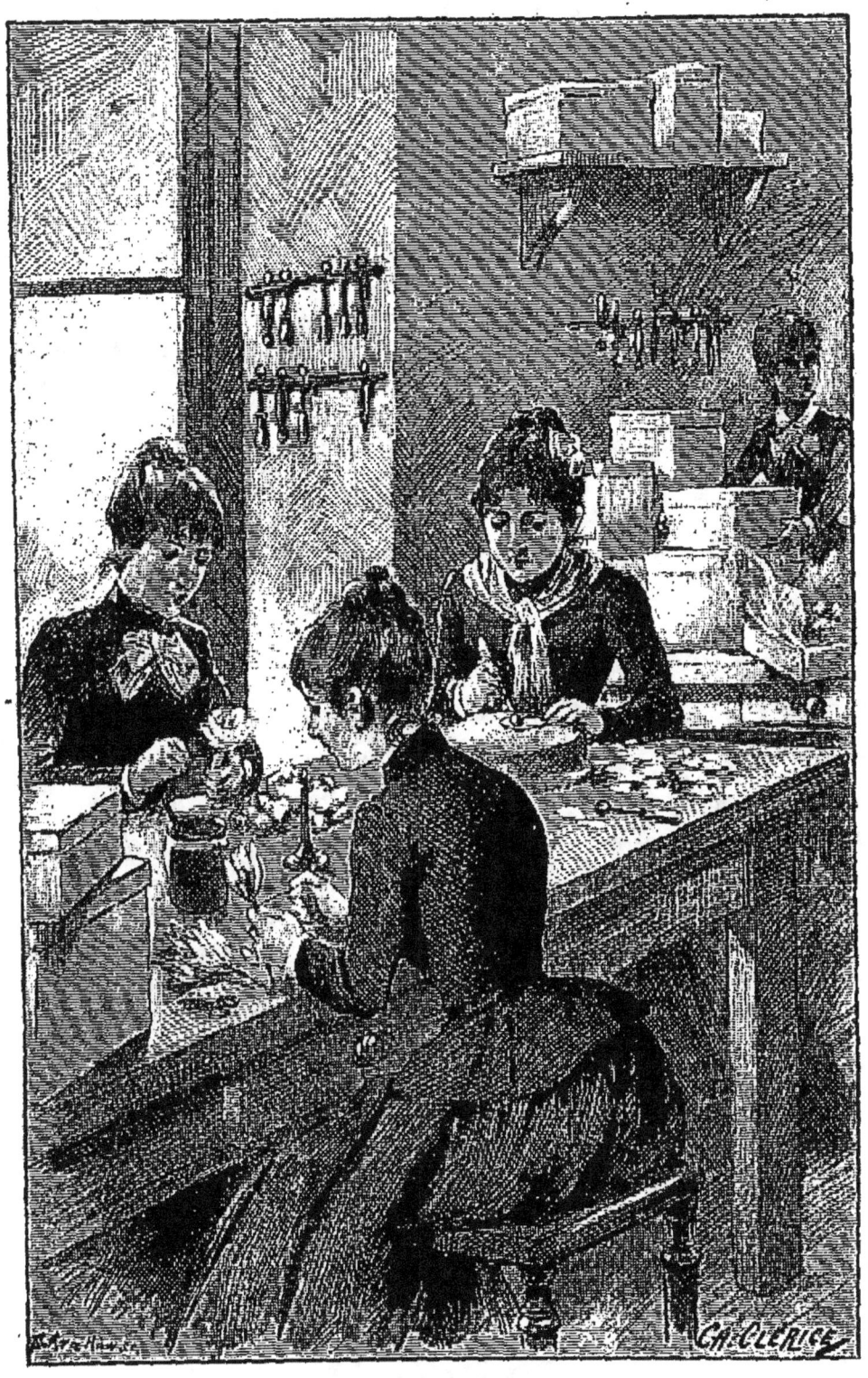

UN ATELIER DE FLEURISTES (p. 61).

PARIS-VIVANT

LES COULISSES
De la Mode

PAR

A. COFFIGNON

De la mode
La coiffure et les coiffeurs — La mode et sa physiologie
Fleurs et plumes
Les chapeliers — Les tailleurs — L'art du couturier
Les grands magasins — Le système commercial — La chaussure
Le bijou — La fourrure — La mode et la paix

AVEC HUIT DESSINS ET UN PLAN

PARIS

A LA LIBRAIRIE ILLUSTREE

7, *rue du Croissant*, 7

LES COULISSES DE LA MODE

I

DE LA MODE

L'allégorie d'un peintre italien. — Comment se crée la mode. —
Théophile Gautier, avocat de la crinoline. — Mlle Clairon et les
robes plates. — La bouffante, l'ébaubie et le volapück. — Une
plaquette rarissime. — Le costume moderne dans l'art. — De la
poudre de riz. — Conclusion.

Un peintre italien avait accepté d'exécuter dans
la galerie d'un riche amateur une série de pan-
neaux symbolisant les modes féminines des
principaux peuples de l'Europe.

Qu'imagina-t-il pour figurer la *mode française* ?
Il peignit une femme toute nue, portant des
étoffes et des soieries sur son bras, pour donner à
entendre que la mode en France était tellement
fugace, tellement capricieuse, qu'il était réellement impossible de la fixer.

Il faut avouer que ce peintre italien n'était pas

sans avoir raison ; cet aveu est bon à faire en commençant un ouvrage qui doit traiter de la mode. La mode d'aujourd'hui n'est pas celle d'hier ; qui peut dire ce que sera celle de demain ?

La mode pour le vêtement naît d'un double besoin : le désir de se singulariser pour les uns, et pour les autres, tout au contraire, l'instinct d'imitation, la nécessité de faire comme tout le monde.

Il faut ajouter à cela que la mode est dominée en quelque sorte par un certain nombre d'industries mères, dont la fabrication règle le plus souvent la consommation générale, et auxquelles les industries de moindre importance sont obligées de se rallier sous peine de chercher vainement à remonter un courant irrésistible.

Ce sont des axiomes que nous posons en réalité au début de cette étude ; nous en donnerons par la suite les raisons d'être et les conséquences. Il faut aussi noter en principe qu'aucune mode n'est jamais ridicule à la condition de devenir générale.

Ceci demande une explication immédiate et, comme point de départ, nous prendrons l'objet de toilette, qui est certes le plus démodé en ce moment : la crinoline. Nous la voyons avec des yeux tout autres que les hommes de la génération dernière. Parmi les artistes de grand talent que

cette génération a produits, un des plus incon-
testés est certainement Théophile Gautier.

Demandons-lui ce qu'il pense de la crinoline :

Mais la crinoline, allez-vous dire ; les jupes cerclées, les
robes à ressort, qu'on fait raccommoder comme des mon-
tres par l'horloger, lorsqu'elles se détraquent, n'est-ce pas
hideux, sauvage, abominable, contraire à l'art ? Nous ne
sommes pas de cet avis ; les femmes ont raison qui maintiennent la crinoline malgré les plaisanteries, les carica-
tures, les vaudevilles et les avanies de toute sorte.

Elles font bien de préférer ces jupes amples, étoffées,
puissantes, largement étalées à l'œil, aux étroits fourreaux où
s'engainaient leurs grand' mères et leurs mères. De cette
abondance de plis, qui vont s'évasant comme la fustanelle
d'un derviche tourneur, la taille sort élégante et mince ;
le haut du corps se détache avantageusement, toute la
personne pyramide d'une manière gracieuse. Cette masse
de riches étoffes fait comme un piédestal au buste et à la
tête, seules parties importantes, maintenant que la nudité
n'est plus admise. — Si l'on nous permettait un rappro-
chement mythologique dans une question si moderne,
nous dirions qu'une femme en toilette de bal se conforme
à l'ancienne étiquette olympienne. Les dieux supérieurs,
en représentation, avaient le torse nu ; des draperies à
plis nombreux les enveloppaient des hanches aux pieds.

A la suite de ce plaidoyer, Théophile Gautier
déclare péremptoirement que la crinoline ne pas-
sera pas. A-t-il été mauvais prophète ? Nous allons
en juger : pour cela, il faut nous reporter d'un
siècle en arrière.

On était en pleine mode des paniers ; ils faisaient fureur, lorsqu'au commencement de l'année 1784, Mlle Clairon imagina de paraître sur la scène et de jouer en robe plate. Une nouvelle mode était créée ; Mlle Clairon n'en voulant plus, les paniers tombèrent. Les robes plates eurent la vogue à leur tour ; cependant, peu à peu, une timide réaction se produisit ; le différend fut tranché de la façon suivante : la robe resta plate par devant mais la crinoline reparut par derrière, sous un nom différent, il est vrai. On l'appela *bouffante*, *ébaubie*, et d'un autre nom assez leste que Mme de Genlis a consigné dans ses mémoires.

Et de nos jours, que s'est-il produit ? Les femmes, après avoir rejeté les crinolines, se sont engainées de nouveau dans les étroits fourreaux de leurs grand'mères et de leurs mères, pour employer l'expression pittoresque de Théophile Gautier. Puis est venu un petit coussin placé sur les reins pour faire bouffer la jupe ; ce coussin s'est transformé bientôt en une armature métallique de la grandeur d'un masque d'escrime, que les gavroches parisiens ont baptisé d'un nom bien moderne : le *volapück*.

Cette tournure n'a pas tardé à nécessiter pour les robes l'emploi de cerceaux destinés à en maintenir l'amplitude. Ces cerceaux, cessant d'être attachés aux jupes, ont été rajoutés à la tournure primitive, de telle sorte que celle-ci constitue en réalité un quart de crinoline. Qui peut affirmer que les trois autres quarts ne reviendront jamais ? Ne nous moquons point, et disons-nous en parodiant un vers célèbre de Victor Hugo :

Oh ! ne raillez jamais une mode qui tombe.

Pour en revenir à notre poète, à Théophile Gautier, qu'on n'aille pas croire qu'en se faisant le champion de la crinoline, il ait tenu à donner un pendant au fameux gilet rouge, dont la légende romantique s'est plu à l'affubler.

Théophile Gautier, courriériste de modes ! Ce n'est pas une mince découverte ; le hasard me l'a fait faire en mettant entre mes mains une plaquette rarissime, qui ne contient que quelques pages, mais qui renferme un manifeste artistique des plus curieux et des plus intéressants.

Cette plaquette est datée de 1858. Au verso de la couverture, on lit qu'elle n'a été tirée qu'à trente exemplaires. Théophile Gautier, après y avoir étudié le *nu* dans l'art ancien, en arrive à la draperie, au vêtement, le complément obligé de ce nu, comme l'harmonie est le complément de la mélodie. Il reproche aux artistes de son temps de dédaigner le vêtement moderne pour s'en tenir à un passé de convention, et il leur dit éloquemment :

Statuaires et peintres se plaignent de cet état de choses qu'ils pourraient, non pas changer, mais modifier à leur avantage. Le costume moderne les empêche, disent-ils, de faire des chefs-d'œuvre ; à les entendre, c'est la faute des habits noirs, des paletots et des crinolines, s'ils ne sont pas des Titien, des Van Dyck, des Velasquez. Cependant ces grands hommes ont peint leurs contemporains dans des costumes qui laissaient aussi peu paraître le nu que les nôtres, et qui, parfois élégants, étaient souvent disgracieux ou bizarres. Notre costume est-il d'ailleurs si laid qu'on le prétend ? N'a-t-il pas sa signification, peu comprise malheureusement des artistes, tout imbus d'idées antiques ? Par sa coupe simple et sa teinte neutre, il donne beaucoup de valeur à la tête, siège de l'intelligence, et aux mains, outils de la pensée ou signe de la race ; il maintient le corps à son plan et indique les sacrifices nécessaires à l'effet. Supposez Rembrandt face à face avec un homme de nos jours, en habit noir ; il concentrera la lumière prise d'un peu haut sur le front, éclairera une joue, baignera l'autre d'une ombre chaude, fera pétiller quelques poils de la moustache et de la barbe, frottera l'habit d'un noir riche et sourd, plaquera sur le linge une large touche de blanc paillé, piquera deux ou trois points brillants sur la chaine de montre, enlèvera le tout d'un fond grisâtre, glacé de bitume. Cela fait, vous trouverez le frac du Parisien aussi beau, aussi caractéristique que le justaucorps ou le pourpoint d'un bourgmestre hollandais. Si vous préférez le dessin à la couleur, voyez le portrait de M. Bertin par M. Ingres. Les plis de la redingote et du pantalon ne sont-ils pas fermes, nobles et purs comme les plis d'une chlamyde ou d'une toge ? Le corps ne vit-il pas sous son vêtement prosaïque comme celui d'une statue sous sa draperie ?

La beauté et la force ne sont plus les caractères typiques de l'homme à notre époque. Antinoüs serait ridicule aujourd'hui. Le moindre cric fait la besogne musculaire d'Alcide. On ne doit donc pas orner ce qui n'a pas d'importance réelle ; il s'agit seulement d'éviter la lourdeur, la vulgarité, l'inélégance, et de cacher le corps sous une enveloppe ni trop large, ni trop juste, n'accusant pas précisément les contours, la même pour tous, à peu de chose près, comme un domino de bal masqué. Point d'or ni de broderies, ni de tons voyants ; rien de théâtral : il faut qu'on sente qu'un homme est bien mis, sans se rappeler plus tard aucun détail de son vêtement. La finesse du drap, la perfection de la coupe, le fini de la façon, et surtout le bien porté de tout cela constituent la *distinction*. Ces nuances échappent aux artistes, du moins au plus grand nombre, amoureux des couleurs vives, des plis abondants, des draperies à cassures miroitantes, des torses aux pectoraux bien divisés, des bras aux biceps en relief. Ils regrettent que quelque jeune élégant n'ait pas le caprice d'une toque à plume et d'un manteau écarlate ; et ils s'étonnent de la persistance des gens du monde à garder ce costume si triste, si éteint, si monotone. C'est comme si l'on demandait pourquoi à Venise les gondoles sont noires.

Cependant rien n'est plus facile à distinguer dans l'uniformité apparente que la gondole du patricien de la gondole du bourgeois.

Depuis cette admonestation de Théophile Gautier, les peintres ont fini par prendre leur parti de l'habit moderne. Ils n'en sont encore pour la plupart qu'au portrait, mais déjà le cadre s'élargit et le succès couronne les efforts des audacieux. L'un nous a montré Charcot à la Salpêtrière, l'autre un chirurgien en train de faire une leçon clinique. Ce n'est plus le portrait ; ce n'est pas la scène de genre, c'est le prélude d'une nouvelle école de grande peinture.

Depuis longtemps déjà, les peintres ont capitulé devant la femme moderne, qui, de son côté, a toujours tout fait pour leur faciliter la besogne. Écoutons encore Théophile Gautier faisant de la poudre de riz un éloge qui lui vaudra de la part de mes lectrices le pardon de son dithyrambe en l'honneur de la crinoline.

Avec le rare sentiment d'harmonie qui les caractérise, les femmes ont compris qu'il y avait une sorte de dissonance entre la grande toilette et la figure *naturelle*. De même que les peintres habiles établissent l'accord des chairs et des draperies par des glacis légers, les femmes blanchissent leur peau, qui paraîtrait bise à côté des moires, des dentelles, des satins, et lui donnent une unité de ton préférable à ces martelages de blanc, de jaune et de rose qu'offrent les teints les plus purs. Au moyen de cette fine poussière, elles font prendre à leur épiderme un mica de marbre, et ôtent à leur teint cette santé rougeaude qui est une grossièreté dans notre civilisation, car elle suppose la prédominance des appétits physiques sur les instincts intellectuels. Peut-être même un vague frisson de pudeur engage-t-il les femmes à poser sur leur col, leurs épaules, leurs seins et leurs bras ce léger voile de poussière blanche qui atténue la nudité en lui retirant les chaudes et provocantes couleurs de la vie. La forme se rapproche ainsi de la statuaire ; elle se spiritualise et se purifie. Parlerons-nous du noir des yeux, tant blâmé aussi ? Ces traits marqués allongent les paupières, dessinent l'arc des sourcils, augmentent l'éclat des yeux, et sont comme les coups de force que les maîtres donnent aux chefs-d'œuvre qu'ils finissent. La mode a raison sur tous les points.

Qu'un grand peintre comme Véronèse peigne l'escalier de l'Opéra ou le vestibule des Italiens, quand les duchesses du monde ou du demi-monde attendent leurs voitures, drapées de burnous blancs, de cabans rayés, de camails d'hermine, de sorties de bal capitonnées et bordées de cygne, d'étoffes merveilleuses de tous les pays ; la tête étoilée de fleurs et de diamants, le bout du gant posé sur la manche du cavalier dans toute l'insolence de leur beauté, de leur jeunesse et de leur luxe, et vous verrez si, devant son tableau, on parlera de la pauvreté du costume !

Faisons comme Théophile Gautier et donnons raison à la Mode, mais avant d'étudier ses fluctuations et ses caprices, voyons-la telle que le peintre italien a cru devoir la représenter.

PLASTIQUE ARTIFICIELLE

Les effets d'un spleen. — Pendant une séance épilatoire. — Le
courrier d'un journal de mode. — Une statistique décevante. —
La coquetterie et la maternité. — Les artifices des péripatéticiennes. — La perfection d'après Brantôme. — L'idéal suivant
Baudelaire.

Il y a des années où l'on est pas en train, écrivait
Mürger. Ne pourrait-on pas dire également qu'il y
a des jours où l'on est pas non plus en train, je ne
parle pas pour faire des chefs-d'œuvre, mais simplement pour vaquer aux occupations les plus ordinaires de l'existence. On n'a de goût à rien ; tout
vous ennuie et tout vous lasse ; c'est sans doute
une maladie qui n'existait pas du temps de Mürger,
quand on riait d'un bon rire gaulois et qu'on chan-
tait à plein gosier, alors aussi que la médecine
n'avait pas inventé les névropathes et toutes les
autres formes de la névrose.

Subissant un jour cette bizarre influence intel-
lectuelle, je promenais mon ennui à travers Paris,

évitant toutes les figures de connaissance pour ne faire supporter à personne le poids d'une insurmontable mauvaise humeur, lorsque je me trouvai face à face avec un ami qui vint à moi la main tendue.

— Que vous est-il donc arrivé?

— Moi!... rien...

— C'est que vous me sembliez tout à l'heure revenir d'un enterrement... vous avez une figure de circonstance.

Je racontai alors à mon ami la vérité, c'est-à-dire que je lui exposai dans quel état d'esprit je me trouvais. Il réfléchit quelques instants, puis me demanda :

— Vous ne faites rien en ce moment ?

— Vous le voyez...

— Eh bien, vous vous ennuyez précisément parce que vous ne faites rien. Vous allez m'accompagner chez moi et je vais vous guérir radicalement.

Cela fut dit d'un ton péremptoire et, sans attendre mon acquiescement, mon ami me prit le bras pour m'emmener avec lui. Je me laissai faire d'autant plus volontiers que cet ami de rencontre était un très charmant homme, jeune médecin de réputation naissante, ayant déjà réuni une clientèle très importante, grâce à l'appui d'un journal de mode dont il était chroniqueur médical.

Quand nous fûmes arrivés chez lui, il m'installa dans une pièce de son appartement et me dit à ma grande stupéfaction :

— Il va falloir que je vous laisse pendant une bonne heure au moins. J'ai là une dame qui m'attend pour une séance d'épilation au moyen d'un nouvel appareil électrique que je vous montrerai tout à l'heure. En attendant que j'aie fini, voulez-vous tuer le temps en dépouillant le courrier que mon journal de mode m'a fait porter ce matin ? Lisez... lisez... vous y trouverez des choses intéressantes.

J'étais tellement stupéfait de cette manière d'agir que je ne trouvai pas un mot pour protester. Mon ami le docteur disparut, me laissant seul en face d'un monceau de lettres. Après avoir pesté quelques instants, me demandant si, pour répondre à cette mauvaise plaisanterie, je ne devais pas prendre mon chapeau et gagner la porte, je finis par me résigner dans la crainte de troubler la séance épilatoire qui avait lieu dans la pièce voisine.

Machinalement, j'éparpillai les lettres sur le bureau où elles étaient placées ; il y en avait de toutes couleurs, de tous formats, de tous papiers, de toutes odeurs, avec des chiffres, des couronnes ou des emblèmes. L'une d'elles finit par attirer plus particulièrement mon attention ; son enveloppe était rose tendre, avec des rayures satinées ; l'écriture avait je ne sais quoi d'enfantin ; il s'en exhalait un parfum vague et capiteux. Ma curiosité était mise en éveil, mais n'avais-je pas le droit de la satisfaire, puisque tout le courrier m'avait été donné à dépouiller ?

Je la décachetai et je lus :

Monsieur le Docteur,

Je lis tous les jours dans beaucoup de journaux de Paris des annonces pour des produits qui développent la poitrine, mais il y en a en si grand nombre que je ne sais lequel choisir. J'espérais toujours que vous donneriez à vos fidèles lectrices quelques indications à ce sujet dans votre chronique médicale.

Je crois que vous rendriez un grand service à beaucoup d'entre nous si vous vouliez bien indiquer par un mot inséré dans la petite poste quel produit on peut employer pour embellir sa gorge, sans risquer d'abîmer sa peau.

Veuillez croire...

Une jeune Abonnée.

Si morose que j'étais, je ne pus m'empêcher de sourire à la lecture de cette lettre. Au hasard j'en pris une autre, je l'ouvris et trouvai la même question faite dans des termes presque identiques. Puis ce fut le tour d'une troisième ; celle-ci portait :

Docteur,

Je suis encore jeune, mais au cours de ma vie j'ai eu tant de soucis et d'amertumes que des rides précoces sont venues marquer mon visage. Jusqu'à ce jour voici le traitement que j'ai imaginé. Tous les soirs je fais bouillir de l'eau de guimauve et de pavot que je mets à rafraîchir durant la nuit. C'est avec cette eau que je me lave chaque matin, en ayant soin de la tenir aussi froide que possible. Depuis trois mois que j'ai essayé ces lavages, il me semble que ma peau s'est raffermie ; malheureusement les rides ne s'effacent pas aussi rapidement que je le voudrais. Aussi je prends la liberté de vous envoyer un timbre pour que vous vouliez bien m'indiquer si je dois continuer ce traitement ou s'il faut le remplacer par un autre plus satisfaisant.

Dans l'espoir de vous lire, veuillez agréer, Monsieur le Docteur, etc.

Celle-ci était signée en toutes lettres. Je me mis à rire en voyant mon ami transformé de telle façon en confesseur et en directeur matériel de ces dames, abonnées de son courrier de mode. Franchement, cela commençait à m'intéresser. Les lettres que je continuai à décacheter au hasard eurent trait au modelé du corsage, l'une demandait une recette pour engraisser, l'autre une recette pour maigrir ; bien mieux, une correspondante sollicitait pour elle-même un peu d'embonpoint et demandait au contraire pour sa sœur le moyen d'être svelte.

Ce qu'il faudrait pouvoir transcrire tout au long, ce sont les artifices de langage avec lesquels ces demandes étaient faites pour la plupart. Prenons-en un exemple :

Monsieur le médecin,

J'ai une de mes bonnes amies qui n'ose vous écrire pour vous confier un ennui pour lequel cependant vous lui seriez, j'en suis sûre, d'un grand secours. Elle serait vraiment très jolie si sa peau n'était marbrée quelquefois par des points noirs et même des boutons qui lui gâtent le teint. Il doit y avoir certainement un remède pour faire passer cela, je vous serais très reconnaissante, si vous vouliez bien l'indiquer à votre abonnée, qui serait très heureuse d'être utile à une amie d'enfance.

Recevez, etc.

Suivaient la signature et l'adresse. Je cherchai à me représenter la femme qui avait écrit cette lettre et ne trouvai rien de mieux que de la comparer à l'autruche, qui, en apercevant un chasseur, se cache la tête derrière une pierre et s'imagine qu'on ne la voit pas. J'en ris de bon cœur. Et d'une autre :

Monsieur le rédacteur,

J'ai pris un grand intérêt à la chronique que vous avez publiée l'autre jour sur cette découverte américaine pour l'épilation complète au moyen du nouvel appareil électrique qui vient d'être inventé. Je n'hésiterais pas à avoir recours à vos bons soins si je ne craignais la douleur qu'une telle opération doit causer. Aussi serais-je très désireuse de connaître plus exactement la manière dont se pratique l'opération.

Je vous prie... etc.

— Ça, c'est une future cliente, pensai-je en riant follement à l'idée de la séance épilatoire qui avait lieu dans la pièce voisine. L'opération ne devait pas être très douloureuse, car je n'avais pas entendu le plus petit de ces cris par lesquels les femmes coquettes aiment à témoigner de leur sensibilité. Je continuai le dépouillement.

Cher docteur,

Je lis avec un tel plaisir vos causeries hebdomadaires que je n'éprouve aucun ennui à me confier à vous. Au dire de mon mari et de tous ceux qui me connaissent, je suis très bien proportionnée. Je voudrais cependant avoir un peu plus de hanches et je vous saurais un gré infini si vous pouviez m'indiquer une lotion pour les développer comme il en existe pour la poitrine.

Persuadée que vous n'hésiterez pas à répondre à une dévouée lectrice, je vous envoie l'assurance, etc.

J'étais curieux de savoir ce que mon ami le docteur répondrait à cette demande de hanches ; quant à moi je m'amusais beaucoup à la pensée d'envoyer à la dévouée lectrice un catalogue de tournures de toutes formes et dimensions, avec l'adresse d'un corsetier breveté S. G. D. G.

— Tiens, vous riez maintenant, me dit mon ami d'un air narquois, en poussant tout à coup la porte.

— Eh bien, oui, je ris ; quel mal y a-t-il à cela ?

— Aucun, certainement, mais cela contraste d'un façon si singulière avec l'insurmontable mauvaise humeur dont vous témoigniez tout à l'heure, que vous avouerez qu'on pourrait s'en montrer surpris.

— Allons, lui dis-je, n'abusez pas de votre sorcellerie et ne gâtez point votre cure... J'avoue très volontiers que dépouiller votre correspondance équivaut à parcourir le livre des convalescents.

— Cependant vous n'avez lu que quelques lettres ; mais si vous les parcouriez toutes, vous auriez l'idée la plus extraordinaire de la coquetterie des femmes. Il est impossible de s'imaginer ce que le soin, ou plutôt l'amour d'elles-mêmes, peut les amener à faire et à dire. Et notez qu'il ne s'agit pas des premières venues ; mes correspondantes appartiennent pour la plupart à l'aristocratie, à la grande finance, à la haute bourgeoisie.

Je reçois d'elles environ cent cinquante lettres

par semaine ; à toutes il faut répondre sous peine d'amener des désabonnements au journal. En multipliant ce chiffre par le nombre des semaines, vous voyez à quel courrier monstrueux on arrive au bout de l'année. Oui, je dis monstrueux et je tiens au mot.

... Tenez, voici le résultat d'une statistique que j'ai établie ; sur *cent* lettres reçues, il y en a *quarante* relatives à la beauté de la gorge et au développement de la poitrine ; *vingt-cinq* sollicitent des conseils pour le maquillage : ce sont des lectrices qui veulent se faire des yeux profonds, donner à leur regard un éclat particulier, ou au contraire en adoucir la dureté, d'autres qui prennent conseil pour savoir comment et où se placent les grains de beauté, que sais-je encore ?...

Depuis que j'ai traité un jour la question d'épilation, il m'arrive en moyenne *quinze* lettres par semaine sur ce sujet aussi intéressant qu'intéressé. *Dix* autres sont consacrées à des demandes diverses, mais ayant toujours trait à la plastique ; par conséquent, sur cent lettres reçues, il en reste tout au plus *dix* dans lesquelles j'ai à relever des questions relatives à l'hygiène de la maison, de la famille, et spécialement des enfants. Il y a des jours où j'en suis positivement navré, où je me demande

s'il ne faut pas chercher la cause de la dépopula-
tion qui nous menace dans ce trop grand amour de
la femme pour elle-même, qui ne lui fait plus voir
dans la maternité qu'un accident fâcheux et une
déformation physique irréparable.

Ces paroles étaient trop sages pour ne pas y
acquiescer ; mon spleen s'était envolé quand je
pris congé de mon ami le docteur ; il me restait
cependant un point à éclaircir, c'était de m'assurer
si réellement les femmes dénuées de poitrine
étaient en aussi grand nombre que le voulait la
statistique du docteur. Je n'eus pas besoin d'aller
courir les corsetiers pour m'en assurer ; à quelque
temps de là une bizarre aventure me survint..

Un après-midi je me présentai au commissa-
riat de police du quai de Gesvres, ayant une visite
à faire au magistrat qui en était titulaire. La salle
des inspecteurs, le bureau des secrétaires, toutes
les pièces étaient pleines d'agents en bourgeois et
de femmes en cheveux qu'on venait de râfler sur
le boulevard Sébastopol et aux alentours des Halles ;
spectacle lamentable, écœurant, mais auquel
j'étais trop habitué pour y prêter une grande attention. Le commissaire étant trop occupé par l'inter-
rogatoire des individus arrêtés dont il fallait se
débarrasser au plus vite, soit en les envoyant au

Dépôt, soit en les remettant en liberté, je revins vers le soir.

Au cours de ma visite, comme la conversation était tombée sur les arrestations qu'il avait opérées dans l'après-midi, il me fit part d'une constatation véritablement étrange. Bien qu'on fût en hiver, il avait été contraint d'ordonner qu'on aérât les pièces où les agents et les femmes se trouvaient entassées.

L'air et le froid pénétrant par les vasistas, il n'y faisait pas chaud, mais au moins on respirait sainement. Les agents virent alors un spectacle curieux : sur une vingtaine de femmes arrêtées, huit ou dix se dépoitraillèrent pour retirer de dessous leur corsage et jeter ensuite sur leurs épaules un fichu qui leur bombait la poitrine d'une façon réellement exceptionnelle ; quelques-unes même avaient placé à cet endroit de leur personne tout un attirail de toilette qui ne devait pas être sans utilité pour ces péripatéticiennes.

Le commissaire du reste prit soin de m'édifier sur le peu de réalité que présentaient toutes les rondeurs et en général tous les appâts colportés ainsi journellement à travers les rues. — Combien de femmes, me demandai-je, pourraient prétendre à cette perfection pour laquelle Brantôme exigeait :

Trois choses blanches : la peau, les dents et les mains ;

Trois noires : les yeux, les sourcils et les paupières ;

Trois rouges : les lèvres, les joues et les ongles.

Trois courtes : les dents, les oreilles et les pieds.

Trois larges : la poitrine, le front et l'entre-sourcil.

Trois étroites : la bouche, la ceinture et l'entrée du pied.

Trois déliées : les doigts, les cheveux et les lèvres.

Trois petites : les chevilles, le nez et la tête.

Combien en revanche pourraient prétendre à l'admiration de Baudelaire, arrêtant un ami au foyer des Variétés, pour lui dire :

— Je viens de voir une femme adorable. Elle a les plus beaux sourcils du monde, — qu'elle dessine à l'alumette ; — les yeux les plus provocants, — dont l'éclat n'existerait pas sans le kohl de la paupière ; — une bouche voluptueuse, — faite de carmin ; — et avec cela, pas un cheveu qui lui appartienne.

— Mais c'est un monstre !

— C'est une grande artiste !

LA COIFFURE ET LES COIFFEURS

Philostrate et saint Louis. — Les salonniers, les boutiquiers et les coiffeurs de dames. — Les garçons d'extra. — La fabrication des pellicules. — Les revendications des garçons coiffeurs. — Le maquillage. — Cours et concours de coiffures. — La coupe et l'industrie des cheveux. — La classification et l'emploi des démêlures.

Le maquillage ne date pas d'aujourd'hui. Dans les lettres galantes de Philostrate, ne lit-on pas une mercuriale adressée à Bérénice pour lui reprocher le vermillon dont elle peint ses lèvres? En tout cas, s'il n'existait pas depuis tant de lustres, les coiffeurs parisiens l'auraient inventé, car, depuis plusieurs siècles, ils sont réellement passés maîtres dans l'art de.....

.... réparer des ans l'irréparable outrage.

A leurs yeux, ce n'est pas une profession qu'ils exercent, c'est un art qu'ils cultivent, l'art capillaire, qui réunit pour eux tout ce qu'il y a de plus délicat dans la peinture, la sculpture et l'architecture. La coiffure, au surplus, a un rôle historique nettement déterminé ; Méry était allé plus loin, il avait imaginé une nouvelle manière d'écrire l'histoire de France, en prenant pour base la coiffure de nos rois et en tirant des diverses transformations de leurs perruques des conclusions pour le moins inattendues.

C'est d'ailleurs un roi de France, saint Louis, le premier qui ait porté perruque, que les coiffeurs ont choisi pour leur patron. Sa fête est scrupuleusement fêtée chaque année par les diverses sociétés qui groupent autour d'elles les patrons des dix-sept cents maisons de coiffure ouvertes dans Paris, et les trois à quatre mille garçons coiffeurs qu'elles emploient.

On peut diviser l'ensemble des coiffeurs, patrons et ouvriers, en trois catégories : les *salonniers*, les coiffeurs faisant le *postiche* et les coiffeurs de dames.

Les salonniers sont généralement établis à l'entresol ou au premier étage, sur la ligne des grands boulevards ou dans les grandes voies environnantes. Chez eux, on ne pratique que la coiffure d'homme, qui ne nécessite certainement pas autant de savoir que la fabrication du postiche, ou autant de goût et d'habileté que la création des coiffures de dames. L'ouvrier employé chez un salonnier doit seulement faire montre d'une grande légèreté de main, en même temps que d'une indispensable dextérité.

Tout garçon coiffeur, en pied chez un salonnier, arrive à se former une clientèle ; il a un certain nombre d'habitués, dont il connaît les manies ou les faiblesses, et qui ne veulent avoir affaire qu'à lui, de telle sorte que tout en gagnant à peine vingt francs par semaine, il se fait en moyenne douze francs par jour, grâce aux pourboires qui lui sont glissés de la main à la main.

La deuxième catégorie est celle des coiffeurs en boutique, répartis dans tous les quartiers de Paris, qui, avec plus ou moins de savoir-faire, entreprennent également la coiffure d'homme, la coiffure de femme, et le postiche. Leur instrument de prédilection est le rasoir, et certes un nouveau Pierre le Grand obtiendrait un grand succès dans leur corporation en proscrivant la barbe comme un embarras inutile.

Les garçons coiffeurs en place dans ces boutiques reçoivent avec la nourriture et le logement de 80 à 100 francs par mois ; la moyenne du salaire est de 4 fr. 50 par jour pour ceux qui ne sont ni

nourris, ni logés. Ces bénéfices sont grossis
toutefois par le produit du tronc, qui est partagé
entre tous les garçons de la maison.

Cependant si, parmi ces garçons, il s'en trouve
qui ne soient pas à demeure, mais simplement d'extra, ils n'ont droit qu'au partage de la monnaie de
cuivre, sans pouvoir prétendre à celui des pièces
blanches. Il est de même d'usage parmi les
garçons coiffeurs qu'au moment du jour de l'an
les titulaires se cotisent pour doubler la journée
des garçons d'extra afin que ceux-ci ne touchent
pas au tronc.

Les garçons d'extra forment une classe à part;
quelques-uns, il est vrai, n'acceptent d'aller en
journée à droite ou à gauche que parce qu'ils ne
peuvent faire autrement, mais la généralité d'entre
eux répugnent à tout travail suivi et prétendent
ne travailler et ne vivre qu'à leur fantaisie. Il y a
environ cinq cents individus qui font des extras
chaque dimanche; trois cents au moins ne vivent
que de ce travail irrégulier. Du samedi soir au
dimanche soir, ils gagnent de douze à quinze
francs. Cela suffit pour vivoter toute une semaine
en y mettant de la bonne volonté.

Un certain nombre de ces garçons d'extra
exercent en temps ordinaire une profession peut-

être plus lucrative, mais certainement moins honorable, s'ils travaillent vingt-quatre heures par semaine, c'est uniquement pour pouvoir justifier de leurs moyens d'existence, en cas d'entrevue fâcheuse avec le commissaire de police. Quant à ceux qui trouvent le moyen de se contenter de leurs maigres ressources, ils forment des colonies dans le quartier de la place Maubert, de l'Hôtel-de-Ville et de la rue Maubuée.

Les garnis, où ils logent en chambrées, sont la providence des patrons coiffeurs. Quelquefois, il arrive à ces derniers d'apprendre, le dimanche matin, au moment où le coup de feu va commencer, qu'un de leurs garçons est malade, ou bien qu'un extra sur lequel ils comptaient leur a fait faux bond. Les bureaux de placement sont fermés le dimanche. Que faire? Vite on envoie chez la mère Soubrier, rue François-Miron, ou au *Continental*, nom euphémique qui sert à désigner un garni de la rue du Fouarre. Les patrons sont sûrs d'y trouver leur affaire.

Le garçon d'extra est toujours facile à reconnaître, même dans le cas où il est familier de la maison, où il sait la place des ciseaux de rechange, des serviettes des abonnés, des lotions, etc. Nul mieux que lui ne pousse à la consommation, avec autant d'insistance et moins de vergogne, il résume tous les trucs de la corporation. Auriez-vous la tête aussi lisse et aussi nette qu'une bille d'ivoire, il en arrive toujours à vous prouver que vous avez des pellicules !

— Monsieur veut-il une petite friction?

Vous répondez négativement, en le regardant dans la glace d'un air soupçonneux.

— C'est que Monsieur a beaucoup de pellicules....

Comme vous êtes sûr du contraire, vous persistez dans votre refus. Alors, sans insister, le garçon ouvre un tiroir, saisit un peigne fin et vous râcle consciencieusement la tête.

— Vous voyez, monsieur, reprend-il bientôt, que je n'exagère pas.

Et il vous met sous les yeux un peigne dont une des rangées de dents est d'une propreté scrupuleuse, tandis que l'autre, celle qui a servi à votre nettoyage, a les dents engorgées par des cheveux, des pellicules et autres choses semblables. Vous commencez à douter de vous-même. Cependant le garçon coiffeur est allé chercher une paire de brosses, au moyen desquelles il vous frictionne la tête à sec et vigoureusement. Le résultat de cette opération est de faire tomber autour de vous une nuée de pellicules. Devant une preuve aussi convaincante, par respect humain, vous capitulez.

Or, le peigne fin, dont le garçon s'est servi, est un peigne spécial affecté à cette démonstration. Il ne sert jamais que d'un seul côté et l'on se garde bien de le nettoyer. Quant aux pellicules, c'est une pincée de fine sciure de bois prise à la dérobée par le garçon et habilement répandue sur les crins des brosses ou même plus simplement sur les cheveux du client.

Cette ardeur des garçons coiffeurs à prodiguer les pellicules, les frictions et les champoings sur la tête de leurs clients s'explique par la remise de dix centimes que le patron leur fait sur chaque opération. Ils ont en outre un tant pour cent sur tous les articles de parfumerie qu'ils parviennent à placer. On compte à Paris quelques luxueuses boutiques, établies dans les quartiers riches, qui n'ont d'autre spécialité que de dévaliser les étrangers ou les provinciaux qui s'aventurent à prendre place devant leurs tables-toilette. On les oint d'une quantité de cosmétiques, de pommades, de vinaigres, d'huiles, d'essences. Seulement, lorsque vient le moment de passer à la caisse, on leur présente un paquet renfermant tous les flacons et toutes les boîtes qu'il a fallu déboucher pour le soin de leur précieuse personne.

L'addition qui accompagne ce paquet est toujours extraordinairement élevée ; tout a été compté au prix fort, au prix marqué, et lorsque le client se rebiffe, le patron lui fait une grâce singulière en lui accordant une remise sur le prix qu'il lui réclame. Etrangers ou provinciaux payent la plupart du temps par crainte du scandale, en se jurant bien de ne plus s'y faire prendre, mais il y a des grincheux qui trouvent la plaisanterie mauvaise, refusent net de payer et s'en vont chez le commissaire de police. Bien leur en prend du reste, car le magistrat, qui sait à qui il a affaire, n'hésiste pas à intervenir en amenant une transaction qui rabat dans des proportions considérables les prétentions du coiffeur.

Mais, nous le répétons, ces flibustiers sont en infime minorité dans la corporation. En général, les coiffeurs soignent la clientèle. Puisque, à en croire Charles Blanc, la coupe des cheveux et la taille de la barbe ont la plus haute importance et la plus expressive signification pour le visage humain, nous voulons indiquer ici à nos lecteurs le moyen de se faire bien venir de ces artistes capillaires.

Tout d'abord, il ne faut pas changer de salon de

coiffure, ni même de garçon coiffeur. Ces derniers
ont en médiocre estime les clients qui passent
indifféremment de l'un à l'autre d'entre eux. En
second lieu, il ne faut pas négliger de mettre au
tronc, sous peine d'être mal noté, et qui plus est mal
servi. Et cependant, les garçons coiffeurs détestent
l'usage du tronc autant et plus que leurs clients.
Ils ne cessent d'en réclamer la suppression, en
demandant, il est vrai, à leurs patrons une aug-
mentation de salaire équivalente. C'est au public à
les aider à faire aboutir cette revendication.

Le plus sûr moyen d'entrer dans les bonnes
grâces des ouvriers coiffeurs, c'est de ne pas les appeler : garçons. Je crois même sérieusement qu'ils ne
se montrent résolument partisans de la suppression
du tronc, c'est-à-dire du pourboire, que pour enlever aux clients ce droit de les assimiler aux garçons
de café. Un jour, il me souvient avoir entendu un
de leurs orateurs proposer en réunion publique de
faire placarder au-dessus de la porte d'entrée des
salons de coiffure, une pancarte ainsi libellée :

AVIS

« *Au nom de l'élévation, de la considération humaine,
sous peine d'une balafre, d'une coupe de cheveux architectu-
rale (avec escaliers), d'un élagage de barbe hérissonné ou
d'une profonde brûlure, MM. les clients sont priés de n'appeler les employés que par leur nom.* »

Et le revendicateur jovial ajoutait :

— Voilà ce qu'il faudrait parvenir à faire et je promettrais bien à celui qui arriverait à extirper ce mot maudit de la bouche des clients, nous lui promettrions tous qu'il irait tout droit siéger à la Chambre des députés.

Cette déclaration fait rire ; il n'en est pas moins vrai que les coiffeurs, au même titre que les marchands de vins, sont des agents électoraux très sérieux ; on parle beaucoup politique dans les salons de coiffure et il est incontestable qu'à ce point de vue certains garçons, habitués à discourir, arrivent à jouir auprès de leur clientèle d'une indiscutable notoriété.

L'influence qu'exercent les coiffeurs de dames sur leur clientèle est tout autre, mais n'est pas moins grande. Ce coiffeur ne s'occupe que des femmes, de même que le salonnier ne coiffe que les hommes. C'est le véritable artiste de la corporation, qui peut arriver à acquérir une renommée non pas européenne, mais universelle.

La profession de coiffeur de dames n'est plus aussi lucrative, aussi brillante qu'elle l'était sous le troisième empire, parce que le mouvement mondain est resté figé pendant de longues années. Néanmoins l'art de la coiffure n'a pas périclité, grâce aux écoles dont nous allons nous occuper tout à l'heure.

Le coiffeur de dames prend cinq francs pour une coiffure ordinaire de ville ou de dîner, qui ne nécessite que quelques crêpons, des bandeaux ou une natte. Il exécute la coiffure de bal, qui demande l'emploi de fleurs ou de plumes dans la chevelure, pour un prix de quinze à vingt francs. La coiffure poudrée se paye de vingt à trente francs, la coiffure historique de trente à quarante, et enfin la coiffure de genre pour travestissement monte de quarante à cinquante francs.

Quand il y a grand bal chez Mme la princesse de S., par exemple, il faut s'y prendre longtemps à l'avance pour être coiffée par un coiffeur en renom. Celui-ci inscrit ses clientes de demi-heure en demi-heure. Au jour dit, il monte en voiture et se rend chez la première pratique à deux heures de l'après-midi; vingt-cinq minutes lui suffisent pour édifier les coiffures les plus compliquées, car il a préparé à l'avance tous les accessoires qui lui seront nécessaires; il est bien rare qu'à onze heures du soir, il n'ait pas encore une ou deux clientes à coiffer.

Le coiffeur de dames ne se contente pas de peigner, il maquille. C'est ce qu'il appelle mettre de l'harmonie dans le visage : un trait de crayon très léger pour faire paraître les sourcils plus fournis, plus foncés, et donner de l'éclat au regard ; une ombre imperceptible de poudre de Pyromme pour voiler les paupières qui sont rouges ou saillantes ; une goutte d'extrait de roses pour donner aux lèvres une coloration persistante qui ne disparaît pas en buvant, en mangeant, en portant le mouchoir à la bouche, ou simplement en passant la langue sur les lèvres ; quelquefois même le coiffeur raffine, il colore de la même manière l'intérieur des narines ou des oreilles de son sujet.

On compte pour les coiffeurs quatre à cinq cours chaque année ; ils ouvrent vers le 15 octobre et finissent vers le 15 novembre ; ils sont suivis, pendant un mois, de concours de diverses sortes. Ces cours professionnels ont lieu sous le patronage des sociétés groupant les coiffeurs. Ils sont fréquentés par des jeunes gens en place à Paris chez des coiffeurs ou bien venus de la province, et qui, désireux d'y retourner pour s'établir à leur compte, cherchent à acquérir l'habileté et la notoriété nécessaires à la prospérité de leur entreprise.

Les cours ont lieu trois fois par semaine, de neuf heures à onze heures du soir. Pour les suivre, on n'a qu'à prendre un abonnement qui coûte sept francs pour toute la saison, ou bien à verser cinquantes centimes à chaque séance pour les frais de la salle. Cette modique somme donne droit non seulement à l'enseignement d'un professeur, mais en outre à l'usage des peignes, brosses, épingles, crêpons, et autres accessoires indispensables à l'édification de la coiffure la moins compliquée. Certains cours donnent même un sujet à chaque élève par-dessus le marché; dans d'autres, les apprentis coiffeurs doivent se le procurer à leurs frais.

Les femmes qui consentent à prêter leur chevelure pour ces exercices capillaires reçoivent par séance ordinaire un cachet de deux francs. Ce sont en général des ouvrières employées elles-mêmes dans l'industrie des cheveux. On en compte une cinquantaine connues de toute la corporation pour exercer d'une façon régulière le métier de sujet dans les cours et les concours de coiffures.

Ces cours sont professés de la façon suivante :

Le maître coiffeur range ses élèves autour de lui et commence par édifier un modèle sous leurs yeux. Lorsque ce modèle est terminé, on le met bien en vue et les élèves doivent le copier fidèlement, en répétant les diverses opérations, qu'ils ont vu effectuer par leur professeur. Quand les élèves commencent à être d'une certaine force, on ne leur fait plus copier un modèle, mais on leur donne un thème de composition, auquel ils doivent se conformer ; par exemple : exécuter une coiffure forme longue, en utilisant trois branches de 70 centimètres, deux boucles et un crépon.

Suivant l'habileté que le professeur constate chez ses élèves, il les divise en deux ou trois classes. Cette répartition sert aux concours, qui ont lieu à la salle Rivoli, au Tivoli-Vaux-Hall ou au Grand-Orient et sont toujours suivis d'un concert et d'un bal de nuit. Les prix consistent en médailles d'or, d'argent, de bronze, en diplômes et même en primes, qui s'élèvent parfois jusqu'à plusieurs centaines de francs. Les concurrents sont placés sur une estrade le long de laquelle circule le public, sous les yeux duquel le travail s'accomplit.

Une remarque très curieuse à faire, c'est que sur vingt-cinq femmes ainsi coiffées en public, il y a toujours vingt blondes contre cinq brunes tout au plus. C'est qu'en effet les cheveux bruns demandent une coiffure à lignes très correctes, à ensemble sculptural, et qu'il n'est pas possible

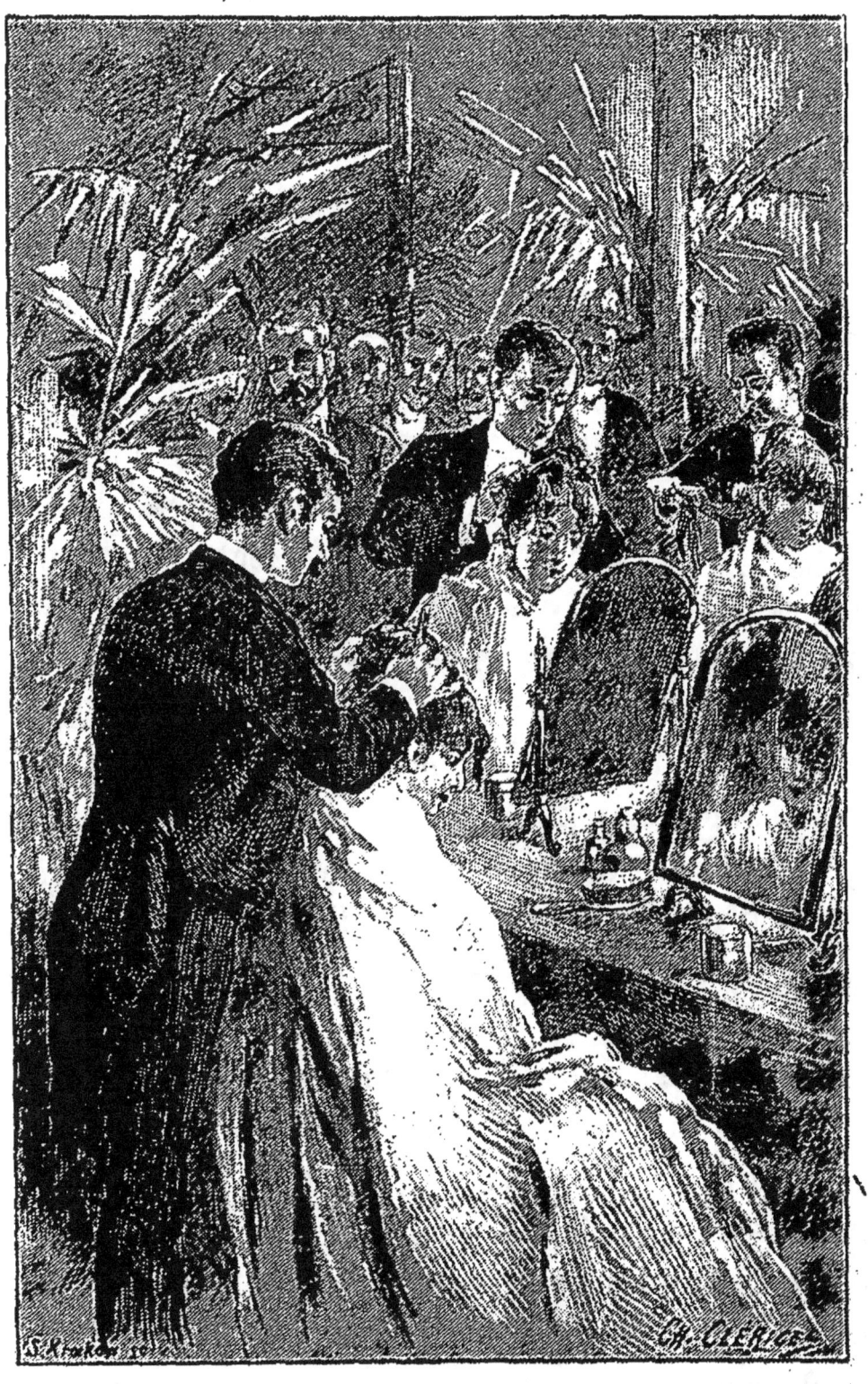

UN CONCOURS DE COIFFURE (p. 37).

d'exécuter avec eux les coiffures chiffonnées d'un si charmant effet pour les cheveux blonds.

Brunes ou blondes ne se contentent pas d'ailleurs du tarif ordinaire pour prêter leur chevelure pendant ces concours. Comme il leur faut faire de la toilette, payer leur déplacement, les concurrents ne peuvent s'assurer un sujet que moyennant un cachet variant de vingt à cinquante francs. On conviendra que c'est bien payé, si l'on songe que la coiffure doit être exécutée en trois quarts d'heure à peine et que ces modèles d'un genre spécial bénéficient ensuite du concert, de la danse et de tout ce qui s'ensuit.

Gravement le jury fonctionne. Il est composé des coiffeurs réputés dans la corporation et quelquefois présidé par un membre du conseil municipal. Approchez-vous d'un des jurés et demandez-lui quelle est la grande qualité pour une coiffure :

— Qu'elle soit *lisible*, vous répondra-t-il.

Une coiffure lisible, cela veut dire une coiffure d'un caractère bien marqué, dont les boucles sont nettement formées et comme fouillées par le burin d'un sculpteur, dont la poudre s'étend d'une façon nuageuse et discrète jusque dans les plus petits replis.

Aux concours d'élèves succèdent ordinairement des tournois internationaux, véritables
championnats entre les artistes de toutes nations.
Est-il besoin de dire que la palme reste toujours
aux Français et qu'ils décrochent les principales
récompenses? Celles-ci sont nombreuses et importantes; la distribution s'en fait avec autant de
solennité que possible, et ce n'est pas la faute des
organisateurs si le palmarès n'est pas publié à
son de trompe à travers Paris.

Depuis plus de quinze ans, les coiffeurs sont en
lutte avec la mode, sans parvenir à la vaincre.
Les femmes ne veulent plus aujourd'hui de
coiffures monumentales ni de coiffures tombantes
qui nécessitent l'emploi d'une grande quantité de
nattes ou de postiches. Par la publicité donnée à
leurs concours de coiffures, ils espèrent opérer
une réaction très profitable à leur industrie.

Nous avons dit que les coiffeurs en boutique
faisaient tous le postiche; il y a aussi une catégorie de négociants, qui, n'étant nullement coiffeurs,
fabriquent en grand tant pour la France que pour
l'exportation. Ce sont ces derniers qui montrent
le plus d'acharnement dans leur lutte contre la
mode.

D'une manière générale, cette industrie se

divise en quatre branches principales : la préparation des cheveux, la fabrication des coiffures
pour dames, la fabrication des coiffures postiches
pour les deux sexes, les dessins et bijoux en cheveux. La première qualité des cheveux employés
est constituée par les cheveux coupés sur pied,
c'est-à-dire sur la tête même des femmes. A ce
sujet des légendes ont longtemps couru ; on
racontait que les garçons d'amphithéâtres dans
les hôpitaux collectionnaient les chevelures des
personnes décédées pour les livrer au commerce ;
on assurait que tous les cheveux venus d'Italie
plus particulièrement n'avaient pas d'autre provenance. C'est là une erreur absolue, car, pour que
le cheveu conserve sa beauté et sa flexibilité, il
faut qu'il soit coupé sur la tête d'une personne
vivante ; le cheveu pris sur un cadavre est cassant
comme un fil de verre et ne se prête à aucune des
manipulations nécessitées par la coiffure.

La coupe des cheveux en France produit annuellement quatre-vingt mille kilogrammes et se fait
dans les départements suivants : Finistère, Mor-
bihan, Côtes-du-Nord, Manche, Orne, Ille-et-
Vilaine, Mayenne, Sarthe, Maine-et-Loire, Loire-
Inférieure, Vendée, Deux-Sèvres, Vienne, Allier,
Cantal, Puy-de-Dôme, Corrèze, Lozère, Savoie, etc.

Ces cheveux proviennent généralement de femmes de la campagne. Les couvents en fournissent aussi une assez notable quantité. Leur valeur varie suivant la nuance; les cheveux rouges ou d'un blond doré atteignent les prix les plus élevés. On en trouve peu de cette nuance en France, la plupart viennent de l'Ecosse.

Il y a quelques années Paris fournissait une assez grande quantité de cheveux. En effet, vers la fin de l'Empire, alors que la mode permettait aux femmes de laisser flotter leurs chevelures ou de les faire retomber en longues nattes, une bande de coupeurs de cheveux, ou de « chasseurs de chevelures » comme on les désignait alors, s'était organisée et tirait un assez joli bénéfice du produit de ses vols.

Ces individus opéraient avec une audace et une habileté telles que les femmes étaient toutes possédées de la crainte d'être victimes de cette étrange catégorie de voleurs ; cela aura certainement suffi à faire passer la mode des cheveux flottants.

De nos jours, où les femmes se font un casque de leur chevelure et où il y a quelque excentricité à porter les cheveux longs, le commerce de ces hardis filous a considérablement diminué. Toutefois, ils opèrent encore assez fréquemment sur les fillettes. Leur manière de faire est assez simple. Ils suivent l'enfant, l'amusent par une babiole, l'attirent dans un couloir étroit, comme il y en a tant dans les rues populeuses des faubourgs, et à l'aide d'un couteau bien affilé, ou le plus souvent d'un rasoir, lui coupent ses cheveux, avec une telle dextérité que la plupart du temps la jeune fille ne s'en est même pas aperçue.

La production française d'ailleurs ne suffit pas aux besoins de nos coiffeurs. Nous recevons une égale quantité de cheveux de la Belgique, de la Suisse, la Prusse, la Bohême, la Hongrie, la Suède, l'Italie, l'Espagne, les Principautés danubiennes, etc. Il est vrai d'ajouter qu'une partie de ces cheveux, une fois frisés, lissés, crêpés, apprêtés, est réexportée à l'étranger.

La deuxième qualité des cheveux est celle des cheveux tombés. Une chevelure féminine pesant en moyenne trois cents grammes, les spécialistes évaluent à un décigramme la perte quotidienne. Paris ayant 2.300.000 habitants, en admettant qu'on ne compte qu'un million de femmes, le poids total de leurs cheveux tombés montent quotidiennement à 100 kilogrammes. Supposons que sur cette quantité, il s'en perde la moitié dans les égouts, il en reste encore cependant 18,250 kilogrammes chaque année en la possession des chiffonniers. Les intermédiaires entre les mains desquels ils passent successivement sont très nombreux ; il en est de même des opérations qu'ils doivent subir.

1° Il y a d'abord le *lavage.* — Il consiste à dégraisser les cheveux, au moyen de la potasse, de la farine ou de la sciure de bois.

2° Le *démêlage*. — Il se fait avec des cardes à pointes de fer comme pour les laines à matelas. Il faut éviter surtout de casser le cheveu.

3° L'*égalisage*. — On prend une mèche de cheveux de la grosseur du doigt et on la roule entre les deux mains par un mouvement de va-et-vient. La mèche s'allonge ; les cheveux qui se trouvaient tête à pointe sortent de la masse ; on les sépare alors facilement pour les remettre tête à tête.

4° Le *classement*. — On ne fait que trois longueurs de cheveux : Pour les queues, pour les nattes, et pour les perruques d'homme ou les filets de front. Les cheveux trop petits se mélangent avec des poils de chèvres pour fabriquer les étrindelles et servir à la clarification des huiles. Les déchets s'emploient pour engrais (1).

1. Voir le *Pavé parisien*, 1 volume à la Librairie illustrée.

5° Le *triage*. — Une manipulation, toute de patience, qui consiste à diviser les cheveux par nuances. Comme il y a 7 nuances de cheveux et 3 grandeurs, un paquet de cheveux se trouve divisé en 21 fractions.

Voici au point de vue des nuances, ce que donne un kilogramme de cheveux ramassés dans la rue :

Cheveux blonds.		150 grammes	
—	roux.	65	—
—	rouges (1)	35	—
—	noirs.	100	—
—	châtains.	425	—
—	gris	200	—
—	blancs.	25	—
Total.		1 kilogramme	

Aussi, en terminant ce long chapitre, ne puis-je mieux faire pour mes lectrices, soit qu'elles se coiffent elles-mêmes, soit qu'elles aient recours au coiffeur ou à une de ces coiffeuses provinciales allant à domicile dont il subsiste une centaine à Paris, que de leur recommander de lire l'avis suivant, placardé à la porte de sa boutique par un artiste capillaire des environs de la gare de l'Est :

1. La proportion des cheveux blonds, roux et rouges a augmenté depuis quelques années, par suite de la mode de ces trois nuances et de l'emploi des teintures.

· Mesdames,

En jetant vos démêlures, vous ne savez pas ce que vous perdez.

Gardez-les précieusement et apportez-les-moi chaque semaine.

Je vous les rendrai au bout d'une année sous la forme d'une jolie natte faite de vos propres cheveux et qui ne vous aura rien coûté.

IV

LA MODE ET SA PHYSIOLOGIE

Tyrannie ancienne et relativité actuelle. — Un coup d'œil en
arrière. — De vasque en vasque. — La cocotte et l'artiste. —
L'histoire d'une coiffure et celle d'un vêtement.— L'influence des
théâtres. — Le concours hippique et le grand prix. — Les ondes
de la mode.

Revenons-en à la mode, non plus pour chercher à déterminer son esthétique, mais simplement pour examiner s'il n'y a aucun moyen d'en
enregistrer les fluctuations incessantes, et de pré-
ciser d'où elle naît, comment elle vit et pourquoi
elle meurt.

La mode était autrefois très nettement caractéri-
sée ; il fallait, bon gré mal gré, se soumettre à ses
exigences, tellement elle était générale. Aujour-
d'hui à vrai dire, il n'y a plus de mode au sens
absolu du mot ; personne n'est ridicule en s'habil-
lant à sa fantaisie, à la condition de ne point risquer de criardes excentricités et de ne choquer ni
le bon goût, ni le bon sens. La mode ayant ainsi

3.

perdu son caractère tyrannique n'est donc plus finalement qu'une relativité.

Qui ferait un crime aujourd'hui à un homme ou à une femme de se bien ou de se mal porter, d'avoir un air de belle humeur et de bonne santé, ou tout au contraire d'être un peu chétif, frêle et délicat? Cependant, nous voyons que la mode pour les femmes était, pendant le dix-septième siècle, d'être bien en chair et bien en couleur; au dix-huitième, au contraire, sous le règne des fards et de la poudre, la langueur seule était de mise. Quant aux hommes, on ne les estimait sous le premier Empire qu'autant qu'ils étaient forts, robustes et bien portants. Vingt-cinq ans plus tard, la légende romantique aidant, tout homme bien né devait avoir au moins un pied dans la tombe pour être un homme à la mode; la santé et l'aspect extérieur qu'elle comporte n'était plus regardée que comme l'indice d'instincts et d'appétits grossiers.

Aujourd'hui, nous paraissons fort heureusement délivrés de cette mode physique. Chacun se porte bien ou mal, comme il le peut, et nul n'y trouve à redire. La seule mode qui se manifeste encore est celle de l'arrangement des vêtements. A ce point de vue, nous ne saurions mieux comparer la mode qu'à l'eau qui tombe d'une cascade, coulant d'une vasque étroite dans une plus large et ainsi de suite jusqu'à ce qu'elle finisse par tomber dans le bassin où elle disparaîtra.

Cette eau, cette mode, dérivent presque toujours d'une source unique. Interrogez n'importe quel industriel de n'importe quelle industrie, et demandez-lui qui est-ce qui fait la mode, il vous répondra infailliblement en propres termes:

— C'est la *cocotte*, ou bien l'artiste.

Qu'avons-nous dit en définissant la mode au premier chapitre de cet ouvrage? Qu'elle naissait d'un double besoin: le désir de se singulariser pour les uns, et pour les autres, tout au contraire, l'instinct d'imiter, la nécessité de faire comme tout le monde.

Le besoin de se singulariser est professionnel pour la demi-mondaine. Jamais la femme du monde, la femme honnête, ne consentira à porter un chapeau ou un vêtement d'une forme exceptionnelle destinée à la faire remarquer. Il n'y a que pour la coiffure qu'elle ose parfois se mettre en avant. C'est, par exemple, à la suite des premiers bals de l'Hôtel de Ville, où la coiffure en forme de bonnet phrygien de quelques jeunes femmes avait été remarquée, qu'est venue la mode actuelle, qui fait le désespoir des coiffeurs, de tordre les cheveux pour en ramener les boucles sur le sommet de la tête.

En hiver, c'est principalement les théâtres qui donnent la mode, mais les théâtres où les actrices paraissent en costumes de ville. Celles-ci ont recours à des modistes ou à des couturiers en renom qui exécutent pour elles de véritables créations, dont le succès peut contribuer à celui de la pièce ou tout au moins de l'artiste.

Lorsque le costume ainsi lancé a été trouvé gracieux et qu'en outre il a été bien porté, on est certain de le voir réapparaître à brève échéance sur d'autres scènes. Un exemple fera bien comprendre cette naissance de la mode.

Pendant la saison 1887, la mode avait été d'abord aux manteaux longs; puis un revirement s'est produit, les femmes ont commencé à trouver que cet ample vêtement était décidément trop commode et avait surtout le grand tort de cacher la jupe et le corsage de leur robe. On se décida à regret et avec indécision à revenir aux manteaux courts. C'est alors qu'un grand couturier, après avoir entendu les doléances de ses clientes et constaté leurs hésitations, imagina de tourner la difficulté en vue de la saison d'été. Il créa pour Mme

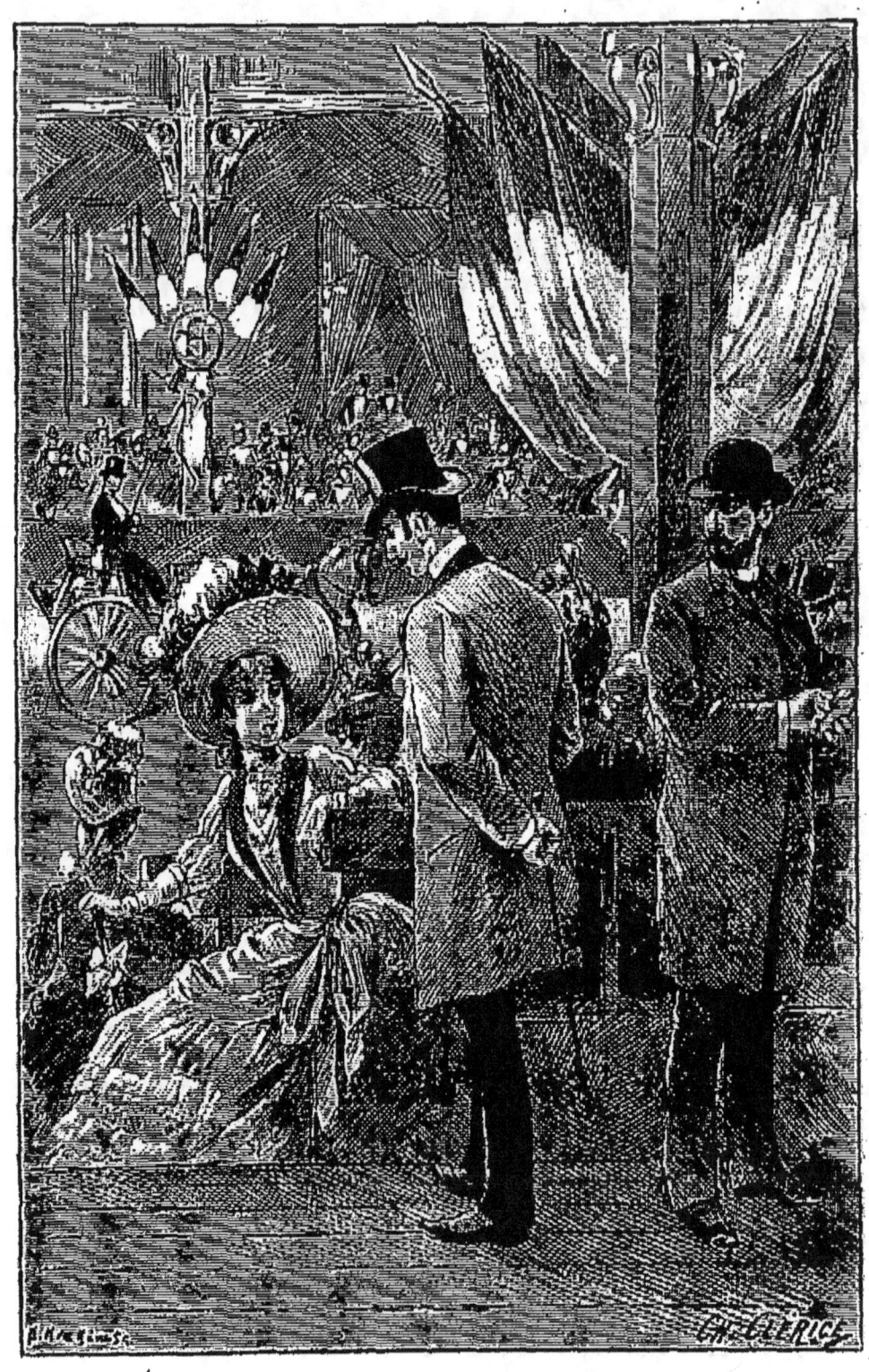

AU CONCOURS HIPPIQUE (p. 49).

Grisier-Montbazon dans les *Délégués*, une pièce qui a réussi médiocrement aux Nouveautés, un manteau forme longue, échancré de façon à laisser voir le devant du corsage et de la jupe, et ne fermant qu'avec une simple patte à la taille. A peine ce costume avait-il été lancé qu'il réapparaissait avec de légères modifications, porté par Mlle Cerny dans *l'Affaire Clémenceau* sur le théâtre du Vaudeville. Ce costume fera t-il le tour du monde comme le célèbre chapeau Niniche ? Voilà ce qu'il nous est assez difficile de prévoir.

Continuons néanmoins à voir le cycle parcouru par la mode nouvelle. Si elle a réussi au théâtre, les demi-mondaines la propagent. Pendant l'hiver, ces femmes ont un rôle plus effacé ; les réceptions officielles, les fêtes mondaines leur étant fermées, il ne leur reste comme occasion de briller, que les premières représentations ou les expositions artistiques des cercles. Elles estiment généralement que ces événements parisiens ne valent pas la peine de brûler inutilement leurs munitions, je veux dire de déflorer les toilettes à sensation qu'elles comptent porter au cours de la saison qui leur est le plus favorable.

Cette saison débute par le concours hippique, où les femmes vont pour voir et être vues et qui a beaucoup plus d'importance au point de vue de l'amélioration de la mode que de la race des chevaux. Les commissionnaires étrangers qui font leurs achats de saison, le fréquentent aussi assidûment que les dessinateurs des journaux de mode, les couturières de second ordre et les confectionneurs fabriquant pour l'exportation ou les magasins de nouveautés.

Les courses viennent ensuite, et la journée du grand prix marque d'une façon générale la dernière période du lancement des nouveautés de la saison. Aux bains de mer ou dans les villes d'eaux, on ne fait plus que propager les toilettes qui ont reçu la consécration parisienne.

Quand la mode nouvelle a été lancée par la *cocotte*, suivant le terme commercial, la mondaine s'en empare ; propagée par les journaux de mode, après s'être étendue d'une façon suffisante à Paris, elle ne tarde pas à être adoptée, avec exagération bien souvent, par la haute bourgeoisie des villes de province.

La vulgarisation de la mode nouvelle est finalement faite par la confection, c'est-à-dire par les magasins de nouveautés, qui, grâce aux bas prix de leurs marchandises, la mettent à la portée de toutes les bourses.

Lorsqu'on jette une pierre dans une eau tranquille, on voit se former d'un point central des ondes qui vont sans cesse s'élargissant et sans cesse se poursuivant. C'est l'image exacte de la mode, qui n'est jamais la même pour les diverses classes dont se compose la société. Lorsque la femme du monde a imité, en l'atténuant dans ses particularités excentriques, la toilette portée par la demi-mondaine, celle-ci, toujours mue par le besoin de se singulariser, s'empresse de demander au couturier et à la modiste un nouveau moyen de se faire remarquer.

Dès que la grande dame, ainsi classée par sa naissance, sa position de fortune ou sa situation personnelle, constate que la toilette portée par elle est très répandue dans la bourgeoisie, elle l'abandonne pour une autre.

Lorsqu'à son tour la bourgeoise remarque que les magasins de nouveautés confectionnent en grande quantité et à bas prix les objets qu'elle porte, la maîtresse de maison ne veut plus porter un vêtement dont elle pourrait retrouver la forme sur les épaules de sa cuisinière ou de sa femme de chambre. De la sorte, on change quatre à cinq fois de mode par saison; une mode est plus tenace qu'une autre; comme les ondes à la surface de l'eau, il y en a qui se perdent en route, tandis que d'autres parviennent à l'apogée de leur développement. Lorsqu'une mode est partie de la rue de la Paix, il lui faut un an pour dépasser les boulevards extérieurs et se répandre dans les faubourgs ; quand elle s'est généralisée au point de devenir commune, il y a beau temps qu'on ne s'en souvient plus dans le centre de Paris.

V

FLEURS ET PLUMES

Les modistes. — Un total de 250 millions. — La création de la
forme. — Chapeaux de feutre et chapeaux de paille. — La
carte des nuances. — Deux industries complémentaires. Le
naturel et la fantaisie. — La confection d'une fleur. — La
communauté des plumassiers. — Le marché de Londres. — Les
plumes et les fermes d'autruches. — Le tirage des plumes et la
santé des autruchons. — Les plumes de vautours. — Deux
chercheurs d'aventures. — Colibris, bengalis et paradisiers. —
Le faisan et l'aigrette. — Un piège abominable. — Le comble
du bon marché.

Le chapeau est sans contredit la partie du
vêtement de la femme la plus sujette aux variations. C'est pour cette raison que la chapellerie
féminine est appelée la *mode*. Rien qu'à Paris, la
fabrication des chapeaux et coiffures pour dames
occupe huit mille ouvrières gagnant de soixante-
quinze à cinq cents francs par mois ; cette industrie comporte, à Paris seulement, un chiffre
d'affaires annuelles montant à vingt-cinq millions.

Bien que ce chiffre présente une importance
considérable, la mode des chapeaux et coiffures

engendre pour toute la France un commerce d'un développement bien supérieur. En fait de matières premières, Paris ne fournit que les apprêts de mode, les fleurs et plumes, la fausse bijouterie, la passementerie, les chapeaux de paille et de feutres; Lyon fournit les soieries, les tulles, les gazes, les crêpes; Saint-Étienne, les rubans, les velours, les passementeries et les fichus de soie; Calais, les blondes et les imitations de dentelles; Caen, les dentelles; Le Puy et Mirecourt, les dentelles de fantaisie soie et coton; la Picardie, les tissus de laine et soie pour les chapeaux de deuil. En fin de compte, c'est à deux cent cinquante millions qu'on arrive, lorsqu'on veut chiffrer la valeur annuelle de la fabrication de ces divers articles.

Le chapeau des femmes est sujet à trois sortes de variations, concernant la forme, la nuance et la garniture. La forme est influencée tout d'abord par la coiffure. Si le chignon est placé sur la nuque, suivant la mode anglaise implantée en France à la suite de l'Exposition universelle de 1878, il faut que le chapeau couvre tout le derrière de la tête; si, au contraire, les cheveux sont relevés sur le sommet de la tête, la mode imposera un chapeau léger, relevé ou échancré par derrière.

La grande modiste de la rue de la Paix est la

première créatrice de la forme. Par suite du prix
très élevé qu'elle prend, le nombre de ses clientes
est limité. Elle connaît les goûts de chacune d'elles ;
elle sait ce qui est de nature à les bien coiffer, suivant la conformation de leur visage. Cependant,
comme ses clientes ne consentiraient pas à porter
un chapeau qui rappellerait trop un de ceux qu'on
leur a vus pendant une saison précédente, il faut
que la modiste cherche des formes nouvelles.

Elle établit ses formes au moyen de fils de fer et
de tulle gommé ou de linon apprêté. Quand cette
forme primitive, maniée et remaniée, a été définitivement arrêtée, la modiste la donne à garnir à
ses ouvrières. Y a-t-il des règles à observer pour
la garniture d'un chapeau ? Aucune, le goût seul
de la modiste lui fait fouiller les étoffes, placer les
nœuds, fixer les fleurs et poser les plumes.

Quand les modèles nouveaux sont créés, on les
expose sur de hauts champignons, rangés en ba-
taille dans le salon qui sert de magasin de vente.
La cliente peut venir, on l'attend de pied ferme.
En réalité, chaque cliente est plus ou moins colla-
boratrice pour la grande modiste ; son caprice mo-
difie souvent d'une façon heureuse la création première.

Ce sont de longues séances que nécessite cette

collaboration. Le chapeau est placé sur la tête d'une essayeuse ; la modiste a ordinairement pour remplir ce rôle deux jeunes filles, véritables mannequins vivants, dont le choix ne laisse pas d'être souvent difficile ; il faut qu'il y en ait une brune et une blonde, qu'elles aient de beaux cheveux et sachent bien se coiffer ; il faut aussi qu'elles ne soient point jolies, tout en conservant une certaine grâce, de façon à faire valoir le chapeau, mais à ne pas éveiller une jalousie secrète chez la cliente.

Nous ferons remarquer ici qu'un grand nombre de modistes, dont quelques-unes sont des plus réputées, ne sont connues commercialement que par un prénom, qui n'est suivi d'aucun nom de famille. Ce sont d'anciennes *premières* qui, en quittant les maisons dans lesquelles elles étaient employées pour s'établir à leur tour, arborent ce prénom sur leur enseigne afin de rallier à leur raison sociale les clientes qu'elles servaient autrefois et qui ne leur connaissaient pas d'autre nom.

Lorsque la forme d'un chapeau créée au moyen de fils de fer et de tulle gommé réussit dans sa clientèle, la grande modiste en fait un modèle pour le *formier*, c'est-à-dire le fabricant de chapeaux de paille ou de feutre. Ce fabricant a lui aussi une

bonne part dans la création de la mode. Chaque
année, au renouvellement des saisons, — au commencement de l'hiver pour les chapeaux de paille,
au commencement de l'été pour les chapeaux de
feutre, — le formier arrête un certain nombre de
modèles qui régleront sa fabrication.

Certes, le fabricant ne dédaigne pas la tournée
des commissionnaires de la province et de l'é-
tranger, mais ce qui peut lui arriver de plus heureux, c'est de recevoir la visite d'une artiste ou
d'une demi-mondaine cotée, toutes deux en quête
d'une forme nouvelle, qu'elles ne croient pas devoir trouver chez la modiste. Il est de principe que
le fabricant ne détaille pas ; mais, dans un cas sem-
blable, il ne serait pas habile de sa part de maintenir à ce principe toute sa rigidité.

Le fabricant, au surplus, peut imaginer toutes
les formes possibles, il est toujours certain d'en
trouver le placement, à la condition toutefois de
n'en pas fabriquer des quantités invraisemblables.
C'est ce qui prouve mieux que tous les raisonne-
ments du monde la relativité de la mode, dont nous
parlions au chapitre précédent.

Mais, si l'un de ses articles vient à plaire, il ne
peut espérer en garder le monopole ; son modèle
ne tarde pas à être copié par toutes les maisons

concurrentes, envers lesquelles il agit lui-même à l'occasion avec une égale désinvolture.

La variation de la nuance pour la chapeau est toujours conforme au goût du jour en ce qui concerne la tonalité générale du vêtement. On a recherché longtemps les couleurs voyantes, on préfère aujourd'hui les nuances claires, le beige ou le gris. Le fabricant est donc tenu de teindre ses chapeaux de feutre et de paille de façon à ce qu'ils s'harmonisent avec les autres parties du vêtement féminin.

Pour les chapeaux de paille, il faut faire rentrer dans la nuance la nature de la paille ; on ne porte pour ainsi dire plus maintenant de chapeaux de paille d'Italie, qui firent fureur autrefois, tandis que la paille anglaise et la paille de fantaisie sont en pleine vogue. Or cette substitution a eu des conséquences très curieuses au point de vue industriel, ainsi que nous le verrons tout à l'heure. Occupons-nous dès maintenant de la garniture.

La garniture d'un chapeau peut se faire d'une façon multiple ; en commençant ce chapitre, nous avons énuméré tous les articles qu'on utilisait à cet effet. Il y en a trois fondamentaux : le ruban, la fleur et la plume.

La soierie donne généralement le ton à la mode ;

les fabricants ne procèdent la plupart du temps qu'à coup sûr, soit qu'ils aient reçu des commandes fermes des commissionnaires, des marchands en gros ou des grands magasins de nouveautés, soit qu'ayant imaginé un produit nouveau, ils aient fabriqué *des bandes*, c'est-à-dire des échantillons qu'ils soumettent à leurs acheteurs ordinaires, de façon à s'assurer de la facilité du placement des articles de leur fabrication. Celle-ci produit des modèles à l'infini, qui passent de mode, il est vrai, pendant un certain temps, mais reviennent cependant périodiquement.

La grande question pour le ruban, c'est la nuance. Chaque année, les fabricants de fleurs et plumes s'adressent aux fabricants de soieries et leur demandent les échantillons des rubans de la saison prochaine. Le conseil syndical de la corporation se réunit ensuite et fixe *la carte des nuances* adoptée pour la teinture des fleurs et des plumes. Cette mesure n'est prise que depuis quelques années et elle facilite singulièrement les relations entre les fabricants de fleurs et plumes et leurs clients; autrefois, il y avait autant de cartes des nuances que de fabricants. Chaque nuance, outre son nom spécial, porte un numéro d'ordre; ces numéros se suivent centaine par centaine, dont chacune correspond à une année. Toutes les nuances sont représentées par des échantillons de soieries ; un certain nombre ne durent qu'une saison, mais beaucoup d'autres sont des couleurs fondamentales qui réapparaissent perpétuellement.

Les fleurs et les plumes ne forment aujourd'hui qu'une seule chambre syndicale ; il y a même des commerçants qui sont tout à la fois fleuristes et plumassiers. C'est qu'en effet ce sont deux industries complémentaires : tandis que l'une chôme, l'autre travaille, si bien que, devançant en cela leurs patrons, beaucoup d'ouvrières fleuristes se sont faites plumassières. Dans les rares écoles professionnelles de cette double industrie, on apprend aux apprenties l'un et l'autre métier, de façon à n'avoir pas de chômage à redouter.

Il y a quelques années encore, la fabrication des fleurs artificielles occupait son personnel d'une façon à peu près régulière pendant toute l'année ; on faisait pour l'été des fleurs de mousseline et de batiste et pour l'hiver des fleurs de velours. Les fleurs de mousseline garnissaient très bien les chapeaux de paille légère ; quand est venue la mode de la paille anglaise, il a fallu imaginer une garniture plus fournie ; on a fait des fruits ; enfin lorsque la paille de fantaisie, le paillasson, a triomphé à son tour, on a eu recours pour la garniture aux fleurs de velours, plus riches et moins légères. Mais, lorsque l'hiver est arrivé, les fleuristes n'ont plus eu aucune nouveauté à offrir à leur clientèle, et ils ont dû céder le pas aux fabricants de plumes.

La fabrication des fleurs artificielles ne date en réalité que de 1738. A cette époque, un botaniste de Mende, nommé Séguin, vint s'installer à Paris et imagina de créer des fleurs artificielles, en se servant de parchemin, de coques de vers à soie et de papier. Malgré tous les procès qui lui furent suscités par des corporations rivales et jalouses, celle des peintres en particulier, Séguin continua son entreprise, réussit pleinement et dota Paris d'une industrie dans laquelle notre supériorité s'est toujours affirmée.

La confection du chapeau en général et plus spécialement l'industrie des fleurs et plumes rendent à la population féminine des services signalés en leur procurant des occupations pour lesquelles les femmes seules sont aptes. Les conditions du travail sont très familiales, car on ne manufacture pas les fleurs artificielles, les huit mille ouvriers et ouvrières de la corporation étant répartis dans plus de dix-huit cents maisons.

Chacune de ces maisons a sa spécialité ; dans le quartier de la Bourse, aux alentours de la rue Vivienne, on fait la fleur de luxe ; rue Saint-Denis et aux environs, se trouvent surtout les fabricants de feuillages ou de fleurs communes ; entre la rue Saint-Denis et la rue Vivienne, se placent les maisons de monture, qui prennent le feuillage ici et la fleur là, puis les assemblent pour former un tout définitif.

Qu'il s'agisse de la fleur ou du feuillage, la fabrication se divise en deux parties : le *naturel* et la *fantaisie*. Dans le premier cas, le négociant se contente de faire copier la nature à ses ouvrières ; la mode lui est un guide assuré ; jamais on n'a porté par exemple autant de chrysanthèmes qu'en 1887, tout simplement parce que la société d'horticulture avait organisé une exposition de chrysanthèmes qui avait été très remarquée. Quant à la fantaisie, c'est un modèle que le fabricant rêve, qu'il dessine, qu'il exécute, se donnant quelquefois beaucoup de peine pour le faire réussir, et travaillant souvent pour fournir simplement un type que les fabriques étrangères copieront en énormes quantités.

En dépit de cette concurrence presque toujours très grossière, Paris a conservé pour cette indus-

trie une supériorité incontestable et incontestée.
Le travail se faisant entièrement à la main, nos
ouvrières seules ont assez de goût et d'habileté
pour atteindre un degré de perfection tel qu'il
devient difficile de distinguer entre la nature et
l'imitation.

Un homme seul, un manœuvre, prend part à la
fabrication. C'est lui qui accomplit les travaux de
force, qui bat les étoffes légères passées à l'empois
pour leur donner la rigidité ; c'est lui qui tend ces
mêmes étoffes sur des châssis pour les faire sécher
sans qu'elles rétrécissent ; c'est lui enfin qui
découpe à l'emporte-pièce chaque pétale des fleurs
qu'il faut confectionner.

L'opération la plus délicate consiste dans la
teinture de ces pétales, qui se fait entièrement à
la main, l'ouvrière se servant des doigts de sa
main gauche pour étendre les couleurs et les
estomper, tandis que sa main droite n'est armée
que d'un pinceau, ou d'une petite pince qu'en
terme de métier on nomme la *brucelle*.

Pour les feuilles, l'étoffe se teint en pièce ; puis,
quand elle a été séchée sur le châssis, on passe
sur le côté qui doit représenter le dessus de la
feuille une légère couche de gomme arabique,
qui lui donne le brillant ; de l'autre côté, au

contraire, qui figurera le dessous de la feuille, on applique une eau d'amidon colorée. S'il s'agit d'obtenir un velouté très prononcé, on emploie, au lieu de gomme arabique, de la tonture de drap réduite en poudre et teinte de la couleur choisie. Chaque feuille se découpe ensuite à l'emporte-pièce; les nervures sont obtenues à l'aide d'un gaufrage.

Les pétales, une fois teints, passent dans l'atelier de monture. Supposons qu'il s'agisse d'une rose : l'ouvrière fera le cœur en prenant un fil de laiton et en fixant à l'un de ses bouts des brins de soie écrue destinés à imiter les étamines. Après les avoir coupés de grandeur égale, elle les trempera dans la colle de gants afin de leur donner de la raideur. Dès qu'ils seront secs, elle humectera leur extrémité avec une pâte composée de gomme arabique et de farine de froment et les plongera dans un vase rempli de semoule teinte en jaune. Chaque fil retient un grain de semoule et le cœur est fait. Il ne reste plus qu'à fixer autour de lui, au moyen d'un peu de colle, les divers pétales, suivant leur grandeur, en les gaufrant au fur et à mesure, soit avec la brucelle soit avec un fer chaud. Une pince, un pot de colle et une paire de ciseaux, il n'en faut pas plus à une bonne fleuriste pour donner l'apparence de la vie à des morceaux de velours, de mousseline ou de soie, et pour produire des merveilles de grâce et d'ingéniosité.

L'industrie des plumes est moins intéressante que celle des fleurs pour les détails de la fabrication, mais elle est beaucoup plus curieuse en ce qui concerne le trafic commercial. Elle est au reste d'origine très ancienne à Paris. Les plumassiers furent, sous le règne de Henri IV, érigés en communauté et en corps dejurande ; leurs statuts, datés de 1599, furent confirmés en 1612 par Louis XIII et en 1644 par Louis XIV. Leur corporation était régie par deux jurés. renouvelés alternativement chaque année par élection, qui, sortis de charge, prenaient le titre de *bacheliers*, et par deux administrateurs de la confrérie.

Pour être admis à la maîtrise, il fallait avoir servi, en qualité de compagnon chez les maîtres pendant quatre ans, en sus du temps d'apprentissage qui ne pouvait être de moins de six ans ; chaque maître ne pouvait avoir qu'un apprenti à la fois, si ce n'est quand ce dernier était à la fin de sa quatrième année. Les apprentis étaient sous la surveillance des jurés. Les assemblées présidées par les jurés, se composaient de tous les bacheliers, de deux administrateurs et de six maîtres ayant exercé

4.

ces fonctions ; les autres maîtres pouvaient également y assister, mais ils n'étaient pas convoqués.

Le grand centre pour la préparation et le montage des plumes est à Paris, mais le grand marché de plumes brutes, de plumes *en fagots*, et d'oiseaux divers, se trouve à Londres où, tous les deux mois, il y a aux docks de la Tamise des ventes publiques où s'approvisionnent les plumassiers du monde entier.

La plume occupe à Paris environ huit cents maisons et six à sept mille personnes tant hommes que femmes. Mais, comme pour la fleur il y a des spécialités. On peut en établir deux grandes : tout d'abord entre la plume d'autruche et la plume de fantaisie. On compte en outre des plumassiers qui ne s'occupent que de la plume d'autruche blanche, d'autres de la noire, d'autres enfin de la plume passée en couleur.

· Dans la plume d'autruche, on partage en deux catégories très différentes les produits de l'Afrique et ceux de l'Amérique du Sud. En subdivisant encore, on trouve que, pour l'Afrique seule, il faut distinguer la plume de l'autruche sauvage de celle de l'autruche domestique. La première est infiniment plus belle, plus large et plus fournie que la seconde.

Il y a vingt ans, on ne se procurait guère les plumes d'autruches que par la chasse faite à ces animaux, qui de plus en plus abandonnent les côtes pour se retirer au cœur de l'Afrique. Le fermage des autruches était une industrie à peu près inconnue. En 1865, dans la colonie anglaise du Cap, on ne comptait que 80 autruches domestiques réparties dans différentes fermes du territoire. A cette époque, les fermiers éleveurs se contentaient d'élever de jeunes autruches sauvages que la chasse leur procurait : là s'arrêtaient leurs connaissances de l'élevage.

En 1866, un fermier d'origine française réussit à faire couver des œufs jusqu'à éclosion. C'était un premier pas. Quatre ans plus tard, en 1870, d'autres fermiers se livrèrent à des tentatives de reproduction par l'incubation artificielle. L'expérience aidant, les résultats obtenus ne tardèrent pas à devenir prodigieux. Le recensement fait en 1875 dans les colonies anglaises du sud de l'Afrique révéla l'existence de 22.247 autruches ; nous sommes certainement au-dessous de la vérité en évaluant à 50.000 leur nombre actuel. C'est un rapport annuel d'une vingtaine de millions pour les éleveurs.

Les différentes qualités de plumes des autruches

de race africaine sont classées d'après leur provenance dans l'ordre suivant :

1° Syrie (très rares aujourd'hui) ;

2° Tripoli et Algérie ;

3° Maroc ;

4° Egypte et Haut Nil (ont le défaut de ne pas se blanchir parfaitement) ;

5° Colonies du Cap et de Natal (sont plus raides que les
précédentes) ;

6° Arabie (sont maigres et peu fournies) ;

7° Sénégal.

Le produit annuel moyen d'un couple d'autruches est de quatre à cinq cents francs. On récolte les
plumes au moment de la mue, c'est-à-dire vers le
mois de juin ou de juillet. Au Cap, les fermiers
opèrent avec brutalité pour *le tirage* des plumes. Un
gardien attire à l'écart l'autruche en lui jetant du
grain. Pendant que l'animal baisse la tête, le gardien la saisit par le cou. En même temps, quelques
hommes vigoureux se jettent sur la bête, se cram-
ponnent aux pattes, aux ailes, et la forcent à s'ac-
croupir. Maintenue dans cet état, on lui arrache les
plumes des ailes et de la queue. Ce procédé barbare est souvent fatal à l'autruche, qui, en se défen-
dant peut se briser une jambe, et à ses bourreaux
à qui elle n'épargne pas de vigoureux coups de pieds
lancés en avant.

En Algérie, on pratique la même opération, avec moins de barbarie, en enfermant l'animal dans un box étroit, dans lequel il est maintenu au moyen de courroies et dont les quatre faces sont garnies de planches mobiles qui peuvent s'enlever à volonté, pour découvrir telle ou telle partie du corps où le tirage doit s'effectuer. On n'opère ce tirage que sur les plumes de la queue et des ailes ; les plumes du dos et du ventre tombent naturellement à l'époque de la mue. Pour tirer une plume, il faut la prendre le plus près possible de la peau et, en appuyant légèrement comme pour l'enfoncer dans les chairs, ou lui fait faire un demi-tour. Ce double mouvement détache de son alvéole la plume qui vient facilement, sans blesser, ni faire souffrir la bête.

Le capital élevé (douze cents francs en moyenne) que représente chaque autruche est un gage des soins incessants que ces animaux reçoivent de leurs fermiers. Les gardiens veillent avec une sollicitude maternelle sur les fonctions digestives des jeunes autruchons. Ont-ils l'estomac chargé par suite de leur gloutonnerie invraisemblable ? vite on les met au régime de la farine de maïs mouillée d'huile et additionnée de pincées de sel et de boulettes de beurre. On leur donne à boire du lait chaud. On place à leur disposition un beau petit tas de cailloux.

L'animal présente-t-il au contraire un état de faiblesse inquiétant? on le conduit à l'infirmerie, une écurie sèche et bien chaude, où on le met au régime du fer et du quinquina, qu'on lui fait absorber deux fois par jour dans des boulettes de pain. Au lait, on substitue une boisson fortifiante, c'est-à-dire du vin chaud.

Après avoir été initiées de la sorte à l'élevage des autruches et des autruchons, nos lectrices doivent avouer qu'elles auraient mauvaise grâce à se plaindre de la cherté des plumes de ces intéressants volatiles.

Est-ce parce qu'elle n'est pas l'objet de soins aussi touchants de la part des habitants de la Patagonie, que l'autruche d'Amérique ne livre au commerce que des plumes inférieures? Cette autruche est appelée plus communément le *nandou*, ses plumes très facilement reconnaissables, moins belles et moins soyeuses, ont reçu dans le commerce le nom de *plumes de vautours*.

L'industrie plumassière a acquis son grand développement et sa prospérité, à dater du jour où un industriel a trouvé le moyen de décolorer les plumes complètement, de façon à permettre

de les teindre dans n'importe quelle nuance. Au
surplus, nous ne nous arrêterons pas sur les
manipulations auxquelles se livrent les ouvriers
et ouvrières; elles n'offrent que peu d'intérêt.
Arrivons-en aux plumes de fantaisie.

Ces plumes étaient fournies presque exclusivement jadis par les oiseaux des îles. La mode les
délaisse depuis trois ou quatre ans, les nuances
claires en vogue et les couleurs ternes s'accommo-
dant mal des riches teintes des oiseaux exotiques.
Longtemps on les a recherchés, non seulement
parce qu'ils étaient beaux, mais aussi parce qu'ils
étaient rares et chers. C'était l'époque où d'intré-
pides chercheurs d'aventures tels qu'Alfred
Marche, aujourd'hui cantonné dans les îles
Philippines, couraient les côtes de l'Afrique.
Alfred-Marche allait en compagnie du marquis de
Compiègne, qui, après la guerre de 1870-71,
trouva la mort dans un duel avec un officier
allemand.

Les deux explorateurs n'avaient d'autres moyens
de faire route que le produit de leurs chasses
qu'ils expédiaient en France à des naturalistes et
à des plumassiers. Leur grande ressource était de
tuer des merles bronzés au Sénégal; ces oiseaux
se vendaient couramment une dizaine de francs

pièce à Paris. Quelques négociants indigènes étant
parvenus à percer le secret de leurs opérations,
se réunirent, parvinrent à se procurer un Bottin de
Paris et s'étant fait apporter par les noirs des
milliers de ces oiseaux, les expédièrent à tous les
commissionnaires en plumes dont ils purent
relever l'adresse.

L'effet de cette expédition fut désastreux pour
tout le monde; quand on vit arriver pareille
quantité d'oiseaux la veille encore presque introuvables sur le marché, il y eut un krach
véritable, qui s'étendit des merles bronzés à toutes
les autres variétés d'oiseaux. Il se fit sentir jusque
parmi la clientèle féminine, qui commença à se
détourner d'une parure devenue trop commune,
de telle sorte qu'aujourd'hui un merle bronzé se
vend à Paris 1 fr. 50, ni plus ni moins qu'un
merle de la banlieue.

La mode a-t-elle bien raison de délaisser une
parure aussi ravissante ? Je vous le laisse à penser,
en prenant un colibri ou un oiseau-mouche, ces
flammes ailées, comme les appelle Michelet, ces
infimes perdus dans les forêts d'Amérique, ne vivant que des poisons qu'ils tirent des fleurs et qui
contribuent peut-être bien plus directement que la
lumière à les colorer de ces reflets étranges qui font

penser à l'acier, à l'or, aux pierres précieuses les plus éclatantes.

Ils sont si frêles qu'on ne peut les chasser avec le plomb le plus petit. Il faut les prendre avec un piège placé sur la corolle d'une fleur, ou bien les étourdir en leur lançant de l'eau avec une seringue, du sable avec une sarbacane, simplement même en tirant à poudre un coup de fusil dont la répercussion suffit à les anéantir.

Pour prendre les marabouts, les bengalis et les sénégalis, les noirs d'Afrique, auprès de certaines oasis, creusent un trou dans le sable, à un endroit où ils savent que l'eau peut suinter ; ils dissimulent un filet sur le bord de cette mare improvisée, et attendent qu'après le coucher du soleil les oiseaux viennent en masse s'y baigner et s'y désaltérer. Quand le filet se rabat brusquement, le nombre des victimes est toujours grand.

C'est en Océanie qu'il faut aller chercher la famille huppée des *Paradisiers*, tandis que l'Asie fournit son contingent de plumes éclatantes, dont les plus belles proviennent du plumage des faisans. Lorsque la mode était venue à Paris de garnir les chapeaux avec leurs ailes, on avait peine à se procurer un faisan aux Halles centrales, si ce n'est au prix de vingt et vingt-cinq francs.

5

Alors que toutes les variétés de plumes subissent ainsi des fluctuations commerciales, une plume reste toujours aussi recherchée et aussi rare : c'est celle qui est fournie par un échassier qu'on retrouve dans toutes les parties du monde, il est vrai, mais en très minime quantité, nous voulons parler de l'*aigrette* et surtout de la *crosse*, dont la plume soyeuse, droite, à deux rangs de barbes flexibles, se dresse si élégamment au milieu d'une touffe de marabout dans une coiffure de bal.

Quant aux oiseaux de France, à la mode en ce moment, les grands pourvoyeurs sont tout d'abord les gardes-chasses doublement intéressés à détruire les huppes, les buses, les éperviers, les chouettes dont les dépouilles sont d'un placement assuré ; ensuite viennent les pêcheurs faisant le coup de fusil en mer ou bien installant des filets sur la grève, pendant les nuits sans lune et à l'époque des passages, pour prendre des hirondelles de mer, des macreuses ou des mouettes.

Il y a aussi des chasseurs spéciaux, qui, à marée basse, se dissimulent dans un huteau, sifflent pour appeler le gibier et finalement l'attirent au moyen d'étombilles, qui ne sont que des oiseaux grossièrement imités ou rudimentairement empaillés, qu'ils ont plantés sur le sable à l'aide d'un bout de bois.

Cette chasse n'a lieu qu'à marée basse ; dès que la mer commence à monter, il faut plier bagage et déguerpir rapidement, de peur de se voir couper la retraite. L'année dernière, au Crotoy, un naturaliste parisien de mes amis, un ancien chasseur de gorilles en Afrique, a dû se jeter à la nage, en pareille circonstance, pour pouvoir regagner la côte.

La mode, qui ne respecte rien, est allée jusqu'à s'attaquer aux pauvres petites hirondelles rustiques, que la superstition populaire et leur utilité devraient cependant protéger. D'où proviennent-elles ? Je me suis laissé dire que c'était d'Arles et de quelques localités voisines de Marseille.

Il paraît qu'au moment de leur migration, quand elles se rassemblent en grande quantité, soit qu'elles s'apprêtent à traverser la Méditerranée, soit au contraire qu'elles viennent de faire ce voyage, les habitants de certaines contrées du Midi leur tendent un piège indigne.

Ils posent des rangées de fils de fer, de manière à imiter les fils du télégraphe. Les hirondelles viennent s'y poser sans défiance ; quand il y en a en nombre suffisant au gré du chasseur, il les foudroie au moyen d'un courant électrique d'une grande intensité.

Il est un fait incontestable, c'est que j'ai vu un jour un plumassier de Paris télégraphier à Marseille pour une commande d'hirondelles. Quatre jours après, il en avait reçu 220, prises en même temps. On avouera que pour procéder d'une façon aussi expéditive, il ne faut pas s'amuser à leur mettre des grains de sel sur la queue.

Pour résumer ce chapitre, disons que la valeur de la production totale annuelle est de 25 millions pour les fleurs artificielles et de 15 millions pour les plumes de parure. Paris est loin de consommer le rendement de cette double industrie, il exporte ses *modes* tant en province qu'à l'étranger.

Pour l'étranger, on fabrique des chapeaux tout garnis depuis *onze francs* la douzaine. Pour arriver à ce prix, l'industrie doit se transformer en science mathématique ; un centimètre de ruban en trop par chapeau, et tout le bénéfice du commerçant est dissipé. Ces chapeaux, destinés généralement aux pays chauds, semblent être en paille ; pur trompe-l'œil : c'est une carcasse de linon gommé recouvert de *sparterie*, sorte de tissu en fibres de hêtre travaillé par les paysans en Bohème ; cela

joue très bien la paille, qu'on imite aussi parfaitement au moyen de la.... galvanoplastie.

Le bon marché ne peut être poussé à des limites
plus extrêmes ; félicitons-en nos industriels parisiens, qui, dans l'impossibilité de lutter avec l'Allemagne pour le bas prix de la main-d'œuvre, ont
su faire preuve d'ingéniosité.

VI

LES CHAPELIERS

Les coupeurs de poils de lapins. — Les anciens statuts des chapeliers. — Recensement de 1886. — Les feutriers. — Les
soyeurs. — Drogaisis et Dévoirants. — Le sergent, le caporal
le goret et l'armagnol. — L'ardoise. — La taxe des chapeaux.—
Mécaniciens, fantaisiens et pailleurs. — Le polack. — M. de
Guénéguaud et les gniolleurs.

Lorsqu'on s'amusait autrefois à inventorier les
professions bizarres, voire inconnues, on ne manquait jamais de citer en bonne place le coupeur
de poils de lapins. C'était, il est vrai, le temps où,
pour les industriels et les commerçants, tous les
gens de lettres n'étaient que d'affreux bohèmes, et
où ces mêmes commerçants et industriels n'étaient
que d'exécrables bourgeois pour tous ceux qui
tenaient une plume, un ébauchoir ou un pinceau.
Depuis ce temps, les arts industriels sont nés, ils
ont appris aux arts à aimer l'industrie en même
temps qu'ils enseignent à l'industrie qu'il n'est
pas de progrès fécond et durable sans la coopération artistique.

Au reste, pour les couperies de poils de lapins, une autre transformation s'est opérée ; jadis on coupait à la main les poils destinés à être feutrés, aujourd'hui on les coupe à la machine, au moyen d'une tondeuse animée d'un mouvement rotatoire des plus violents. C'est en 1845 que cette transformation a commencé à s'accomplir. Une couperie, établie rue de la Santé, fit l'acquisition en Angleterre d'une machine encore très imparfaite, qu'un ouvrier mécanicien de Paris, M. Bouhey, refit entièrement et amena à son complet perfectionnement.

Ce perfectionnement faillit du reste coûter cher à son inventeur, qui avait accumulé sur sa tête tous les ressentiments des ouvrières dont le travail était menacé par la nouvelle machine, puisque, dans une seule journée, elle accomplissait le travail d'une douzaine d'entre elles. A diverses reprises, M. Bouhey manqua de passer sous le fer vengeur de leurs ciseaux.

Peu à peu cependant, cette grande colère tomba pour faire place à un sentiment plus exact de la réalité. Les ouvrières virent qu'elles n'avaient rien à redouter de la machine, du moment où elles trouvaient autour d'elle des occupations pour lesquelles la main d'une femme était indispensable.

Toutes les peaux qui passent à la machine sont

des peaux de lapins. Nous ne nous arrêterons pas en ce moment sur ce commerce, devant y revenir plus spécialement en traitant de la pelleterie et des fourrures. Arrivons-en de suite à la fabrication en gros et à la vente au détail de la chapellerie.

C'est une vieille corporation. Les anciens statuts des chapeliers dataient de l'année 1578 ; ils avaient été confirmés par Henri IV en 1594, réformés par Louis XIII, en 1612, et enfin augmentés et renouvelés, en 1706, par Louis XIV. En 1776, la communauté des chapeliers fut réunie au corps des bonnetiers en même temps que celle des pelletiers. La chapellerie de Paris se partageait en quatre classes : les maîtres fabricants, les maîtres teinturiers, les maîtres marchands en neuf et les maîtres marchands en vieux. Ces quatre classes ne formaient qu'une seule corporation. Les chapeliers choisissaient ordinairement celle à laquelle ils voulaient appartenir.

La réputation de la chapellerie française commença à s'établir à partir du xvie siècle. Colbert donna un nouvel essor à cette industrie, en réglementant le métier, en faisant contrôler les employés au feutrage, et en fournissant aux fabricants des facilités pour se procurer le poil de castor qu'ils tiraient du Canada.

5.

En 1750, Paris comptait 130 maîtres chapeliers. Les chapeaux se vendaient au poids. A présent, la fabrication du chapeau s'exerce principalement à Aix, à Bordeaux, à Paris et à Lyon. Le recensement opéré en 1886, nous fait connaître de quelle façon se répartit la chapellerie parisienne.

Le Commerce comprend :

Patrons	581
Employés	1.498
Ouvriers	1.032
Total	3.111

Dont 289 étrangers.

L'Industrie comprend, chapeliers et fabricants de casquettes :

Patrons	1.246
Employés	965
Ouvriers	5.540
Total	7.751

Sur ce nombre, on compte 2.216 étrangers.

Enfin le chapeau de paille compte :

Patrons	169
Employés	155
Ouvriers	493
Total	817

Dont 161 étrangers.

Voici comment se défalquent les chiffres ci-dessus pour les deux sexes :

L'Industrie comprend :

	Masculin	Féminin
Patrons	1.140	275
Employés	689	431
Ouvriers.	2.855	3.878

Le Commerce comprend :

	Masculin	Féminin
Patrons	444	137
Employés	1.074	424
Ouvriers	716	316

L'Industrie et le Commerce de la Chapellerie comprennent donc une population de 12.359 individus d'après le recensement de 1886.

Au point de vue de notre étude spéciale, nous diviserons les chapeliers en sept catégories :

1º Les *feutriers* ;
2º Les *soyeurs* ;
3º Les *mécaniciens* ;
4º Les *fantaisiens* ;
5º Les *pailleurs* ;
6º Les *gniolleurs* ;
7º Les *polacks* ;

Le feutre, c'est-à-dire le tissu façonné sans chaîne, grâce à la propriété, rendue plus active par des agents chimiques, que les poils d'animaux ont de s'enchevêtrer les uns dans les autres et de former un tout compact lorsqu'ils ont été foulés, ne se fabriquait autrefois qu'avec des poils de castor ou de rat grondin; puis, on a mélangé leurs poils avec ceux du lièvre, enfin avec ceux du lapin. On en est même arrivé à ne fabriquer du feutre qu'avec de la laine, ce qui est le dernier mot du bon marché et aussi de la camelote.

Cette partie de la chapellerie se répartit de la façon suivante : à Paris, sur les hauteurs de Charonne et de Ménilmontant, où se trouvent les couperies de poils de lapins, on fabrique le feutre fin en minime quantité par rapport à la consommation générale, mais de première qualité. En province, on fait le feutre commun sur une vaste échelle ; à l'étranger, et surtout en Angleterre, le feutre de lainage a pris une extension telle que certaines maisons livrent à la consommation de trente à quarante mille chapeaux par jour.

Le feutre comprend deux parties bien distinctes ; la fabrication de la *cloche* et l'appropriage. La première se fait tout mécaniquement, au moyen de la *bastisseuse*, si le feutre est composé d'une façon homogène, ou bien au moyen de *l'arçonneuse*, s'il faut recouvrir un feutre commun d'une *dorure* de poils d'une qualité supérieure.

La cloche de feutre ainsi faite, en manière de capuche, il s'agit de lui donner un aspect moins rudimentaire : c'est l'affaire de *l'approprieur*, le véritable ouvrier chapelier. Lorsque le feutre sort de ses mains, il peut avoir revêtu toutes les formes imaginables, il répondra toujours à trois types : *souple*, *imper* ou *confortable*. Le feutre souple est celui qui se peut manier dans tous les sens, étant tout à fait malléable ; l'imper est un feutre ayant reçu un apprêt qui le rend complètement dur ; le confortable garde le milieu entre l'imper et le feutre souple, il se maintient dans la forme qu'il a reçue et cependant présente une certaine élasticité ; c'est souvent une *chemise*, c'est-à-dire un feutre très léger qui est monté sur une carcasse en toile apprêtée.

Malgré les fabriques parisiennes concentrées à Charonne, le feutre est par sa fabrication et par sa vente l'apanage de la province, où le chapeau de soie se porte de moins en moins ; chacun possède un chapeau de soie ou de satin, mais on ne le sort que dans les grandes circonstances : mariages, enterrements, jours fériés, cérémonies officielles.

Pendant tout le reste de l'année, le chapeau de feutre est la coiffure courante pour toutes les classes de la population.

A Paris, bien au contraire, le chapeau de soie est toujours resté en faveur ; aussi Paris est-il l'unique centre de cette fabrication, localisée dans le quartier circonscrit par le boulevard Sébastopol, l'Hôtel de Ville, la rue de Turenne, le Temple et les Arts-et-Métiers.

Les ouvriers chapeliers en soie, les soyeurs, forment une puissante corporation, non pas à cause de leur nombre, mais en raison de la solidarité qui les anime. Cette solidarité, au surplus, se retrouve chez tous les ouvriers chapeliers tant à Paris qu'en province. Les bases en furent jetées au temps de l'ancien régime par la communauté des *Compagnons passants du Devoir* (1), dont la société est aujourd'hui bien déchue de son ancienne plendeur, mais qui a conservé des usages caractéristiques.

L'aspirant, en devenant compagnon, prête serment de fidélité aux règles de la société ; dans le cas de violation de serment, il est rayé du tour de France.

1. Voir dans l'*Estomac de Paris* (1 vol. à la Librairie illustrée) les renseignements fournis sur les *Enfants de Maître Jacques* et les Compagnons boulangers.

Celui qui, sur le tour de France, a reçu d'un compagnon des secours doit au dit compagnon, lors de son passage, des secours plus élevés et réciproquement.

Sur le tour de France, si un compagnon passe dans deux villes où esté tablie sa société, sans pouvoir travailler faute d'ouvrage, à la troisième ville, le cas étant le même, *le premier* en ville cède sa place au compagnon arrivant et se met lui-même sur le tour de France.

Lorsqu'il y a pénurie de travail, les compagnons tirent au sort pour savoir quels sont ceux d'entre eux qui doivent quitter la ville et aller chercher fortune ailleurs.

Une boutique est-elle occupée par les *Drogaisis* (ouvriers non sociétaires compagnons), et ceux-ci sont-ils renvoyés par le patron qui a fait appel aux compagnons pour les remplacer ? La société dicte à chaque groupe le nombre de *Devoirants* qu'il doit fournir ; les devoirants désignés sont tenus d'aller occuper la boutique où ils ont été appelés.

Depuis vingt ans, ce compagnonnage a été progressivement remplacé par des chambres syndicales et des groupes corporatifs locaux qu'une vaste société a fédérés, en 1880, pour toute la

France. Laissons donc les *trimardeurs* accomplir leur tour de France et voyons ce qui se passe dans nos ateliers parisiens.

Chaque atelier est placé sous la direction en quelque sorte absolue d'un contremaître appointé au mois qu'on nomme *le sergent*. Celui-ci est secondé par un sous-contremaître payé à la semaine et chargé de la préparation des matières premières, il a naturellement reçu le nom de *caporal*. Deux autres ouvriers portent encore des appellations bizarres : le plus jeune, celui qui sert d'apprenti à l'atelier qu'on dénomme *l'arpète* ou *l'armagnol* ; puis, le plus ancien ouvrier de l'atelier affublé du nom de *goret*.

Prenons un atelier de soyeurs. En dehors du sergent, du caporal, du goret et de l'armagnol, les autres ouvriers se divisent suivant la partie qu'ils exercent en *galetiers*, *monteurs* et *tournuriers*.

Le travail du galetier est de beaucoup le plus facile ; aussi, la Société générale des ouvriers chapeliers de France ne permet-elle de l'exercer qu'à ceux qui ont au moins quarante ans d'âge et dix ans de sociétariat. Cet ouvrier fait, au moyen d'une toile passée à l'empois, *la galette* du chapeau haute forme. Il pratique d'abord un cylindre de toile, auquel il colle un fond également en toile sur l'un des côtés et sur l'autre un anneau plat en toile plus forte, qui servira à faire les bords.

La galette ainsi établie est enduite extérieurement de gomme laque délayée dans de l'esprit de vin. Une fois sèche, elle passe dans les mains du monteur qui va la recouvrir de peluche de soie, en enroulant la bande avec une telle habileté qu'il est impossible de reconnaître les points de jonction. Pour coller la peluche de soie, *la trame* en terme de métier, le monteur n'a qu'à promener dessus un fer chaud qui, à travers le tissu, fait fondre la gomme laque et amène une adhérence complète entre la galette et la soie qui la recouvre. La trame dont on se sert pour recouvrir les chapeaux est fabriquée à Gien et à Mulhouse.

Le tournurier, le troisième ouvrier qui va être appelé à terminer le chapeau, est celui dont la spécialité exige le tour de main le plus sûr. Il met d'abord le chapeau à la mode du jour, puis, s'occupant des ailes, restées jusqu'alors à l'état de bords plats, *il fait le pli*, c'est-à-dire qu'il relève le bord extrême de l'anneau de feutre, pour permettre à la *bordeuse* de le garnir d'un ruban ; le tournurier donne ensuite aux ailes leur forme définitive, puis envoie le chapeau à la *garnisseuse*, qui l'achèvera en lui mettant une garniture de cuir intérieur et en y ajoutant une coiffe marquée au nom du chapelier détaillant qui a fait la commande.

Galetiers, monteurs et tournuriers travaillent aux pièces. Afin de remédier, dans la mesure du possible, au chômage et à la disproportion des salaires pouvant résulter d'une inégalité dans la répartition du travail, ils ont imaginé un système très curieux ; ils travaillent à *l'ardoise*. Dans chaque atelier se trouve une triple ardoise, c'est-à-dire qu'il y en a une pour chacune des spécialités que nous avons énumérées. Toutes trois sont confiées à la surveillance du goret, qui porte, matin et soir, en regard du nom de chaque ouvrier, la somme d'argent que le travail aux pièces lui a procurée.

Supposons trois galetiers : le premier a fait en trois jours 15 fr. 50, le second 14 francs et le troisième 12 francs. Le premier travail qui viendra à l'atelier sera distribué par le sergent à celui dont le gain est le moins élevé, à celui de nos trois galetiers, par exemple, qui n'a encore gagné que 12 francs. Vient-il une autre commande, c'est celui qui n'a atteint que 14 francs qui la prend à son tour ; et ainsi de suite, de telle sorte qu'à la fin de la semaine chacun se trouve avoir le même gain porté sur l'ardoise; il ne s'en faut que de quelques centimes, mais alors ces centimes sont prélevés sur le salaire de chacun, mis en fond commun et répartis par part égale entre tous les ouvriers.

La chapellerie en soie n'a pas plus d'un siècle d'existence. Elle prit naissance à Florence vers 1760. On commença par faire des chapeaux très bas à larges bords, dans le genre de ceux des ecclésiastiques. Elle ne commença à se répandre en France que vers 1820; son grand essor date de 1840; elle porta tout d'abord un rude coup à l'industrie des chapeaux de feutre, dont le prix était fort élevé. Le feutre ne se fabriquait alors, comme nous l'avons expliqué, qu'avec des matières de première qualité; en outre, la cloche de feutre se façonnait entièrement à la main, sans le concours de machines. Les chapeaux de feutre ainsi obtenus étaient inusables, malheureusement ils étaient chers.

Il est à remarquer que depuis une vingtaine d'années, c'est tout le contraire qui s'est produit. Grâce à l'emploi de procédés rapides de fabrication, grâce au feutrage de produits à bon marché et surtout de la laine, le chapeau de soie a perdu considérablement du terrain.

La forme du chapeau haute forme, du *tuyau de*

poêle pour employer l'image populaire, est assez variable. On a remarqué que son élévation ou son amplitude n'était pas sans correspondre à la forme plus ou moins élevée ou développée en largeur des chapeaux féminins.

En 1850, on portait des chapeaux à larges bords enfoncés sur le derrière de la tête ; trois ans plus tard, le chapeau allait en se rétrécissant comme un cône ; en 1858, sa hauteur se mit à diminuer ; l'année d'après, il se garnit de bords plats très étroits ; en 1860, il s'est rapetissé d'une façon sensible. Cinq ans plus tard, nous le retrouvons allongé d'une façon d'autant plus ridicule que son diamètre avait été rendu plus étroit. Revirement inattendu, en 1868, le chapeau de soie à la mode est devenu tellement bas qu'on ne peut plus le qualifier de haute forme ; il prépare les voies au chapeau de feutre rond, qui commence à être reçu dans la mode.

Après la guerre, on voit les ailes des chapeaux se développer de plus en plus jusqu'en 1875, où elles sont devenues très larges. A partir de 1876, la largeur des bords décroît rapidement ; en 1880, c'est à peine si on en trouve trace, tellement ils ont été réduits.

Par deux fois, dans le courant du siècle, la chapellerie a été menacée dans son existence. En 1848, voici la scène qui se passait dans un club révolutionnaire des plus farouches et des plus populaires:

— Citoyens, criait un orateur aux applaudissements frénétiques de l'assistance, il faut faire tomber 60.000 têtes, le salut du pays est à ce prix.

— Je demande la parole, dit une voix.

— Vous l'avez, répond le président.

On voit alors s'avancer et prendre possession de la tribune, Merle, le fameux marchand de peaux de lapins, le Rothschild de la corporation.

— Citoyens, dit Merle avec indignation, je repousse de toute mon énergie la motion d'ordre de l'orateur au nom des chapeliers de Paris. Soixante mille têtes ! Y pensez-vous? Cela fait plus de 100.000 chapeaux par an !

Et voilà grâce à quel plaidoyer les vieilles barbes de 1848 n'ont pas renouvelé les exécutions de 1793.

En 1874, les chapeaux de soie l'ont échappé belle. Dans la séance de l'Assemblée nationale du 12 février, on discutait de nouveaux impôts, lorsque M. le vicomte de Lorgeril prit la parole à propos de l'impôt sur le sel. Je passe le commencement du discours de l'honorable membre et je cite le *Journal Officiel* :

M. le vicomte de Lorgeril. — ... Il resterait encore à trouver un million, plus les intérêts dont je viens de parler. Je crois que vous pourriez vous les procurer au moyen de la seconde partie de mon amendement que vous me permettrez de vous lire.

Le voici :

« Les chapeaux de luxe...

A gauche. — Ah ! Ah !

M. le vicomte de Lorgeril. — «... dits chapeaux haute forme et les casquettes de livrée seront soumis à une taxe de 2 fr. par chapeau ou par casquette de livrée.

« Cette taxe sera perçue au moyen d'un timbre spécial, collé d'une manière visible au fond de tous les chapeaux ou casquettes soumis à la taxe. »

M. Léon Say — C'est là, véritablement, un impôt de capitation ! (*On rit.*)

M. le vicomte de Lorgeril — Celui-ci, du moins, n'atteint pas toutes les têtes, tandis que l'impôt du sel les frappe toutes ; la taxe sur les chapeaux de luxe n'atteint que les plus hautes.

Cette taxe, Messieurs, n'est pas de mon invention ; elle a existé en Angleterre à l'époque de la première Révolution et pendant tout le temps de nos guerres avec cette puissance ; elle s'élevait à *half a crown*, une demi-couronne, c'est-à-dire 2 fr. 90.

Alors la Grande-Bretagne possédait dans son Parlement des hommes d'Etat peut-être aussi distingués que mes honorables collègues qui accueillent ma proposition avec une ironie quelque peu superbe.

Alors, en effet, se succédaient au pouvoir les Bute, les

deux Pitt, les Portland, les Wyndham, les Burke, les She-
ridan, les Canning et une foule d'autres hommes d'Etat
que l'histoire salue avec respect. Il faut croire que s'ils
admirent et maintinrent longtemps cette taxe qui nous
occupe, c'était probablement qu'ils la regardaient comme
productive et équitable. Toujours est-il vrai de dire qu'ils
ne partageaient pas les sentiments de la commission sur
cette taxe.

L'Assemblée nationale partagea, quant à elle,
le sentiment de la commission, car elle ne prit
pas en considération, j'allais dire au sérieux, la
proposition de taxe de l'honorable vicomte.

Les chapeaux mécaniques également visés par
M. de Lorgeril sont fabriqués par une catégorie
spéciale d'ouvriers, les mécaniciens.

Longtemps le chapeau à *claque* porta le nom de
son inventeur, M. Gibus. Il date d'une trentaine
d'années. C'est une armature métallique, — soit à
articulations, dans le système primitif, soit à
ressorts d'après les derniers perfectionnements
apportés, — dont les montants d'acier sont reliés par
une galette de toile, sur laquelle on tend extérieurement et intérieurement la garniture en cache-
mire ou en satin.

Les fantaisiens sont les ouvriers façonnant les
chapeaux de drap et d'étoffe; les pailleurs s'occupent de la paille, cousent les tresses fabriquées en

Italie, en Angleterre et en Belgique; malheureusement les ouvriers italiens et belges disputent
le travail aux ouvriers français dans des conditions
telles que les ouvriers parisiens sont en infime
minorité par rapport à leurs concurrents étrangers.
Un relevé fait en 1884 pour la commission
d'enquête parlementaire, par la Société générale
des ouvriers chapeliers de France, a démontré
que sur le personnel de treize maisons parisiennes
occupant en moyenne 460 ouvriers, on ne comptait que *quarante* ouvriers français.

Dans la dernière catégorie de la chapellerie, la
casquette, qui se fabrique en très grandes quantités
à Paris, on compte aussi un grand nombre
d'étrangers. La casquette de belle qualité est
généralement fabriquée à façon par des femmes
qui travaillent chez elles. Cette fabrication est
une ressource précieuse pour une multitude de
petits ménages parisiens.

Si vous demandez qui est-ce qui fabrique la
casquette commune, on vous répondra que ce sont
les *potacks*, c'est-à-dire les juifs polonais qui
grouillent dans le quartier Saint-Paul et même
dans le quartier de la Roquette, aux alentours de
la rue de Lappe.

Le juif polonais, qui travaille la casquette

à Paris, est originaire de la Pologne russe. S'il vient à Paris en s'expatriant, c'est non seulement pour y chercher fortune, mais c'est aussi surtout pour échapper à la conscription militaire, qui, pendant de longues années, le retiendrait sous les drapeaux.

En arrivant à Paris, le polack a deux ressources ; il peut tout d'abord entrer comme ouvrier dans la fabrique d'un de ses coreligionnaires, expatrié comme lui, mais qui, en prenant la route de France, a pris en même temps le chemin de la fortune ; il peut aussi se mettre en communauté et vivre avec d'autres israélites comme lui. Leur façon de vivre ressemble alors beaucoup à celle des Toscans dont nous avons parlé dans un précédent ouvrage (1). Supposons une communauté de six individus, l'un vaquera aux soins du ménage, trois autres travailleront à demeure et les deux derniers iront *chiner* pour le placement de la marchandise.

Lorsque le polack est travailleur et qu'il veut se faire une position, il arrive toujours à s'établir petit façonnier. Il va chez les tailleurs acheter des soldes d'étoffes, se rend au carreau du Temple

1. Le *Pavé parisien*, 1 volume à la Librairie illustrée.

pour mettre la main sur des lots de vieille soie ; il transforme tout cela en casquettes, en faisant travailler pour son compte un ou deux coreligionnaires. Il vend enfin sa marchandise aux petits chapeliers des faubourgs qu'il approvisionne à bas prix. Peu à peu, il étend ses affaires, augmente le nombre de ses ouvriers et devient façonnier pour le compte d'un entrepreneur, jusqu'au jour où il se mettra entrepreneur lui-même travaillant pour la province et l'exportation.

Chapeaux de feutre, de soie, de drap, de paille et casquettes sont livrés au commerce dans Paris par des chapeliers en boutique, qui se divisent en une double catégorie : ceux qui font le neuf et ceux qui font le vieux d'une part ; de l'autre, ceux qui sont tournuriers et ceux qui sont de simples marchands n'entendant rien à la chapellerie. En général, les marchands de chapeaux neufs sont tournuriers ; les vendeurs de chapeaux à bon marché sont de simples marchands.

Le coup de fer et la mise en forme sont opérés indistinctement par les uns ou les autres. La mise en forme a lieu en prenant en quelque sorte l'empreinte de la tête du client, au moyen du *gayotype*, du nom de son inventeur M. Gay, chapelier, ou bien à l'aide du *conformateur*, un instrument qui remonte à près de cinquante ans et est encore d'un usage général dans la chapellerie. Ce conformateur marque sur un papier par une série de trous d'aiguille la configuration du crâne dans sa coupe horizontale. Le modèle ainsi obtenu est égal au tiers de la grandeur naturelle, on restitue les deux autres tiers, en enserrant ce modèle, découpé dans un morceau de carton, par une succession de *clefs* en bois, qui, maintenues en position au moyen de vis, composent la forme destinée à modeler le chapeau.

En 1692, M. de Guénéguaud fit une conférence sur les chapeaux, qui se fabriquaient au xviie siècle dans la ville de la Rochelle.

« Les peaux de castor dont le poil sert à faire les chapeaux, disait-il à ses auditeurs, arrivent du Canada à la Rochelle, où on en fait des feutres doux et luisants ; lorsque ces chapeaux ont été portés par les Français, maîtres et valets, ils reviennent à la Rochelle où on les remplit de gomme pour les porter aux Espagnols qui les demandent durs, ras et sans poils. Après avoir rôdé l'Espagne et le Portugal, ils retournent à la Rochelle. On leur redonne une petite façon, on les revoiture à Lisbonne et de là au Brésil, où on les veut molasses et *claque-bords*. Enfin, quand ils sont pleins de trous, les Portugais les colportent en Guinée, sur les côtes de l'Afrique, où les noirs leur trouvent encore très bonne figure et se servent de leurs trous pour y planter des touffes de plumes. »

On ne pourrait guère refaire aujourd'hui la conférence de M. de Guénéguaud sur les chapeaux de feutre. On en fabrique des neufs à si bas prix, qu'il n'y a aucun bénéfice à remettre les vieux feutres dans la circulation. Toutefois il n'en est pas de même du chapeau de soie qui était inconnu au conférencier du xviie siècle.

Cette réfection des vieux chapeaux de soie constitue une industrie et un commerce importants à Paris. Elle a pour agents premiers les marchands d'habits, qui, après avoir battu le pavé parisien, viennent déverser leur récolte sur le carreau du Temple. Les industriels, qui leur achètent ces vieux chapeaux de même que les ouvriers qui ont adopté cette spécialité, s'appellent des *gniolleurs*. Ils débarrassent le chapeau de sa vieille peluche, dégraissent la galette ainsi mise à nu, la remettent en forme suivant la mode du jour, la recouvrent d'une peluche de soie inférieure, et alimentent les chapelleries, où, en dépit d'un loyer onéreux, on arrive à vous donner des objets d'un bas prix fabuleux.

Le bon marché est un appât bien séduisant. Est-il toujours très réel et très avantageux ? C'est à l'usage seul qu'on peut reconnaître la valeur d'un produit, et, à ce point de vue, il est évident qu'un feutre de laine ne vaudra jamais un feutre de poils et qu'il n'y a pas de comparaison possible entre le chapeau d'un soyeur et celui d'un gniolleur.

VII

LE BLANC ET LES BLANCHISSEUSES

La lingerie. — Chemises d'hommes et chemises de femmes. — Le collant. — Les armoiries des bonnetiers. — Le château de Madrid. — Trousseaux princiers. — Blanchisseurs-buandiers. — Le blanchissage mécanique. — La grève des blanchisseuses. — Le blanchissage à la minute. — Les bateaux-lavoirs. — L'Arche-Marion. — Les lavoirs dans Paris. — La Mi-Carême.

Paris dépense cent mille francs par jour pour son blanchissage. C'est un beau denier, mais il est probable que cette évaluation, toute considérable qu'elle puisse paraître est loin d'être exagérée. En tout cas, cela représente un stock assez prodigieux de chemises, de jupons, de bas, de camisoles, de serviettes, de draps, de linge de toute espèce.

Sous la dénomination de *lingerie*, on comprend aujourd'hui au point de vue commercial quatre catégories :

Les chemises blanches et de couleur, de coton, de toile ou de flanelle ;

Les caleçons de toile, de coton ou de flanelle ;

Les gilets de flanelle ;

Les confections pour femmes et enfants.

Les trois premiers articles se fabriquent dans toute la France, mais principalement dans les départements de la Seine, de la Seine-Inférieure, du Nord, du Cher, d'Indre et d'Indre-et-Loire. Pour les confections de lingerie, Paris est le centre le plus important ; puis viennent Saint-Quentin, Argentan, Saint-Omer et Verdun.

Le développement de cette industrie ne remonte pas à plus de vingt-cinq ans. Avant cette époque le linge se confectionnait en grande partie dans chaque famille ; la lingerie était la grande occupation et la grande préoccupation des femmes durant l'hiver. La transformation de la lingerie a commencé par la chemise d'homme. Autrefois, le vêtement ne laissait point paraître la chemise ; il semble même que les deux tours de cravate portés par nos grands-pères n'avaient d'autre but que de dissimuler le linge le plus complètement possible ; peu importait par conséquent que la chemise fût d'une coupe irréprochable. Lorsque l'habit se transforma, laissant voir le clair du linge, on dut tout d'abord recourir à l'empois ; enfin, il se constitua un corps de coupeurs de chemises, de même qu'on comptait des tailleurs pour les habits.

La chemise de la femme, par cette même raison
qu'elle est complètement dissimulée sous la robe,
est restée à peu près en dehors de toute modifica-
tion. Le seul changement apporté, primitivement,
à cause des corsages de bal, a été de faire bouton-
ner la chemise sur chaque épaule. Cette innova-
tion n'est pas suffisante au gré de bien des
confectionneurs en lingerie, qui s'efforcent de la
transformer plus radicalement, en déclarant que
sa coupe actuelle, en forme de sac, est tout ce qu'il y
a de plus illogique et incommode, l'ampleur
laissée aux chemises des femmes leur paraissant
ne pouvoir s'accorder avec l'emploi du corset. Ils
ont donc imaginé les chemises *à pinces* dessinant
les formes, suivant les contours. Jusqu'ici ils
n'ont pas eu grand succès dans leur apostolat, ne
convertissant à la théorie nouvelle que des
personnes de bonne volonté pour qui la chemise a
un rôle utilitaire tout à fait spécial.

Un de ces réformateurs n'allait-il pas même
jusqu'à glisser dans un journal ami l'insidieuse
note, parue il y a peu d'années, dont voici la
teneur :

De tous temps les femmes qui vont au bal ont eu à
creuser ce problème : se déshabiller le plus possible sans

en avoir l'air. On a épuisé toutes les variétés du quart de
peau, de la demi-peau, de la peau complète.

A quoi bon le corset, le corset qui, si peu rigide qu'on
le suppose, dessine invariablement des plis malencontreux ?
Au corset va succéder un ingénieux maillot. Les jupons
sont aussi de trop ; de simples caleçons en tiendront la
place.

Reste la chemise. Eh bien, oui, la chemise fait aussi des
plis. Avec les robes collantes qui sont de mise aujourd'hui,
elle commet toutes sortes d'indiscrétions ou d'erreurs,
qu'elle soit en batiste fine, en toile d'araignée, peu importe ;
elle ne moule pas ; elle se cabre à certains moments de la
soirée.

Il a donc fallu penser à détrôner la chemise tradi-
tionnelle. D'ici peu nos élégantes lui substitueront une
peau de chevreau, souple comme un gant, qui suivra les
contours avec une rigueur mathématique. Cela s'appellera
le *collant*, car le mot est trouvé. On m'a même complaisamment indiqué l'adresse de la maison qui prend le collant sous sa responsabilité.

Le collant ne s'est pas généralisé, mais il ne faut
pas désespérer de sa vulgarisation. La chemise qui
nous apparaît aujourd'hui comme un objet indispensable, n'est-elle pas une des parties du vêtement dont l'invention est la plus récente ? Au moyen
âge, les chemises étaient si rares qu'il n'y avait que
Marie d'Anjou, fille de Louis II, roi de Sicile,
épouse de Charles VII, qui eût deux chemises de
toile. Plus tard quand l'usage s'en fut répandu,
la chemise resta longtemps, et même jusqu'au

xvii⁰ siècle, un objet de luxe tel qu'on la retirait
pour se mettre au lit. C'est dire que la chemise de
nuit est d'invention relativement très récente. La
corporation des lingères est peut-être très ancienne,
mais on n'en connaît que les statuts datés du
3 mai 1645, révélant l'existence d'un corps de *maîtresses toilières, lingères, canevassières en fil.*

Aujourd'hui la lingerie fine a son centre commercial aux alentours de la rue du Sentier; la
grosse lingerie est plutôt répandue dans le quartier
de Paris compris entre le boulevard Sébastopol et
le Temple, sans doute par la même raison qui fait
que maintenant encore le commerce de la bonneterie s'échelonne le long de la rue de Rivoli.

Autrefois en effet les bonnetiers demeuraient
dans le cloître Saint-Jacques-la-Boucherie; leur
confrérie avait été établie dans l'église de ce nom.
Sur les frises de la chapelle qui leur était réservée,
ils avaient fait sculpter des bonnets de différentes
formes et peindre leurs armes : *des ciseaux ouverts
avec quatre chardons au-dessus.*

Ces armoiries ne leur semblèrent sans doute pas
assez riches, car, en 1629, ils en obtinrent d'autres
du prévôt des marchands, Christophe Sanguin.
Leur écusson porta: *d'azur à cinq navires d'argent,
à la bannière de France et en chef une étoile d'or.*

Plus tard, ce blason fut encore remanié : l'étoile d'or fit place à *une toison d'argent placée en abîme et accompagnée de trois navires en chef et de deux en pointe.*

Les bonnetiers formaient d'ailleurs une puissante maîtrise, créée en 1608 par Henri IV, sous le premier nom d'*aulmuciers-mitainiers ;* c'était le cinquième des six corps marchands de Paris.

Paris, aujourd'hui, n'est plus que l'entrepôt général de la bonneterie ; la fabrication a lieu dans les diverses régions de la France, mais tous les industriels ont à Paris le dépôt des innombrables produits auxquels ce commerce donne lieu. En province, les départements dans lesquels cette fabrication est la plus développée, sont : l'Aube, la Marne, l'Oise, la Somme, le Gard, l'Hérault, le Calvados et la Haute-Garonne.

Détaillerons-nous tous les produits de la bonneterie ? Un volume entier n'y suffirait pas. Comment passer en revue depuis l'antique bonnet de coton jusqu'au bas de soie, qui, après deux siècles et demi, est toujours le triomphateur de la mode au bois de Boulogne ? Les mondaines qui se rendent au château de Madrid, se doutent-elles qu'elles accomplissent un véritable pèlerinage ? C'est en effet à cet emplacement que Colbert créa en 1656 la première fabrique de bas tricotés qui ait existé en France, en mettant à sa tête Jean Hindrès, qui avait été en Angleterre dérober au péril de sa vie les plans de la machine que William Lee avait d'abord fait fonctionner à Rouen, mais que son fils avait ramenée à Nottingham.

Toujours au point de vue commercial, Paris est un centre pour les dentelles, les tulles et la broderie, ne concourant à la fabrication que par la création des modèles nouveaux qui ont placé les dessinateurs parisiens tout à fait hors pair.

La réunion de ces différents commerces, lingerie, bonneterie, dentelles, tulles et broderies, compose ce que l'on nomme *le blanc*. Le détail est fait par les magasins de nouveautés pour le linge courant et par des maisons spéciales pour l'article riche. La grande affaire de ces maisons spéciales, c'est les fournitures de trousseaux, dont le prix commence à 300 francs pour s'élever jusqu'à 30 ou 40,000 francs et même plus, car en pareille matière, il n'y a pas de limites.

Est-il besoin de dire que la confection de ces trousseaux princiers ne passe jamais inaperçue? La réputation de la maison et la vanité de la famille exigent que le Tout-Paris défile devant les chemises de nuit et les pantalons de la nouvelle mariée,

7

dont les dessous seront réputés à l'égal de ceux de *Grille-d'égout* ou de la *Goulue !*

Par bonheur, la charité trouve aussi son compte dans l'outrance de luxe à laquelle donne lieu la confection de bon nombre de trousseaux. Le raccommodage des dentelles et la broderie des chiffres et des couronnes sont une précieuse ressource pour des associations telles que celle des Femmes du monde, qui trouvent dans ces travaux délicats un moyen de pallier à bien des misères cachées.

D'autre part, il y a une connexité évidente entre le développement de la lingerie et celui de la blanchisserie. Le blanchissage n'est certes pas d'invention récente ; mais, en tant qu'industrie, sa grande extension ne date également que de vingt-cinq à trente ans.

Un rapport fort intéressant, adressé par la Chambre syndicale des blanchisseurs au ministre de l'intérieur, évalue à 10.000 hommes et 94.000 femmes la population que le blanchissage fait vivre à Paris. Cette profession comprend cinq spécialités :

1° Blanchisseurs-buandiers, résidant en grande partie dans la banlieue de la Seine et de Seine-et-Oise ;

2° Blanchisseurs de linge fin, dans l'intérieur de la ville de Paris ;

3° Blanchisseurs-apprêteurs de rideaux et objets divers d'ameublement ;

4° Blanchisseurs-apprêteurs de linge neuf ;

5° Bateaux-lavoirs et buanderies publiques.

Prenons la première catégorie des *blanchisseurs-buandiers*. On en compte environ 3,000, occupant 6,000 ouvriers et près de 40,000 ouvrières. Ce sont ces blanchisseurs, qui, à certains jours fixes de la semaine, font une tournée dans Paris avec cheval et voiture, pour récolter le linge sale de leurs clients, à qui ils rapportent en même temps le linge qui leur avait été donné à blanchir huit jours auparavant.

L'origine de ces blanchisseurs-buandiers paraît remonter à 1610. Cette industrie prit naissance sur les bords de la Bièvre, dans les villages de Bicêtre, Gentilly, Arcueil-Cachan, la Glacière, d'un côté de Paris, et, de l'autre côté, aux environs de Sèvres, Meudon, Vanves et Rueil, où ils étaient attirés par l'abondance des eaux et des sources qui s'y trouvent.

Quel curieux volume on pourrait écrire sous ce titre : *Les Mémoires d'un blanchisseur !* Quand l'habitude est prise dans une famille de confier le linge chaque semaine, à l'un de ces buandiers, on s'en défait rarement. Le blanchisseur vous suit

alors dans la bonne comme dans la mauvaise fortune. La seule inspection du linge, le changement
du quartier, la montée des étages lui suffisent pour
être initié à toute la vie intime de sa clientèle.

Le blanchissage de la plupart des buandiers
s'opère presque exclusivement aujourd'hui à la
mécanique. Voilà deux siècles que ce système de
lavage est usité en Angleterre. En 1815, l'abbé de la
Mailleraie a essayé vainement de l'introduire en
France. C'est seulement à partir de 1850 que les
blanchisseurs de la Seine et de Seine-et-Oise ont
commencé à adopter la méthode du lavage à la
mécanique. D'ailleurs cette date de 1850 est mémorable dans les annales du blanchissage. Nous verrons pourquoi tout à l'heure.

Aujourd'hui la blanchisserie mécanique tend à
prendre des proportions considérables ; elle blanchit mieux et n'abîme pas le linge. Il s'est créé
dans ces dernières années une vaste usine à Boulogne. Beaucoup de blanchisseurs qui passent
avec leur voiture dans Paris à la recherche du
linge sale ne font pas autre chose que de le porter
à cette usine pour l'y reprendre une fois blanchi.

En cela, ils commencent aussi à être imités par
les blanchisseurs de linge fin, c'est-à-dire les blanchisseuses en boutique, dont l'origine remonte à

un temps immémorial, mais dont l'importance industrielle n'a commencé que vers 1825. Il faut évaluer à 55,000 le nombre des ouvrières lavandières et repasseuses occupées. par ces blanchisseries.

Dans un précédent ouvrage (1), nous avons énuméré les grèves qui existent encore aux alentours des Halles ; à cette liste, il faut ajouter ici la grève des blanchisseuses. Il y a quarante ans, cette grève se tenait en lieu clos, 16, rue Montorgueil, dans la salle commune d'un marchand de vin, dont la boutique s'ouvrait au fond d'une cour, à l'enseigne du *Caveau*. Les blanchisseuses qui étaient embauchées payaient un sou de redevance au maître de l'établissement.

Bientôt, pour cause d'agrandissement, cette grève fut transférée rue Mauconseil, où elle était connue sous le nom de *Marché-du-Cloître-Saint-Jacques*. Son emplacement actuel est rue aux Ours, du côté des numéros impairs, dans la partie comprise entre la rue Saint-Denis et le boulevard Sébastopol, sur un parcours d'environ 50 mètres.

Cette grève se tient tous les jours, excepté le dimanche et le lundi. Les règlements de police en

---

1. *L'Es'omac de Paris.* 1 volume à la Librairie illustrée.

déterminent ainsi la durée : en été, de 5 heures
et demie à 9 heures du matin ; en hiver, de
7 heures et demie à 10 heures. Ce marché des
blanchisseuses a beaucoup perdu de son ancienne
importance ; néanmoins, depuis la Révolution, il
n'a subi que trois interruptions : la première, lors
des journées de juin 1848 ; la seconde, pendant
l'investissement de Paris en 1870, et la troisième
en 1871 durant le mois de mai de la Commune.

On compte parmi ces blanchisseuses de la grève
deux catégories : les *savonneuses* et les *repasseuses*.
Les premières gagnent 3 fr. par jour, plus une
tasse de café noir le matin et à midi un demi-setier
de vin. Ce sont les conditions habituelles des
lavoirs ; mais, quand elles lavent en chambre, leur
salaire diminue de 25 à 50 centimes. Elles ne travaillent que du mardi au dimanche, les deux
autres jours de la semaine étant consacrés à
ramasser le linge ou à le faire tremper. Quant aux
repasseuses, elles gagnent 2 fr. 75 par jour, le
café le matin, mais pas de vin à midi. Le dimanche, elles font la demi-journée ; en revanche, elles
ne travaillent pas le lundi. Il n'y a de morte-saison
que pendant les deux mois de l'année où une partie de la clientèle riche émigre au bord de la mer
et dans les villes d'eaux.

Les blanchisseuses en boutique tirent leurs profits les plus avantageux du blanchissage dit *à la minute*. A ce point de vue, celles qui sont établies dans les quartiers spécialement habités par les femmes galantes sont les plus favorisées. Nous verrons, dans un prochain ouvrage, comment la pénurie de linge, la nécessité de l'avoir toujours aussi propre que possible et le tarif de la blanchisseuse arrivent à laisser ces femmes perpétuellement dans la situation la plus précaire.

Des blanchisseurs-apprêteurs de rideaux et des blanchisseurs-apprêteurs de linge neuf, deux spécialités créées vers 1855, nous ne dirons rien ; car ils sont en trop petit nombre par rapport au chiffre total des membres de la corporation. Arrivons-en aux bateaux et aux lavoirs publics.

Les bateaux-lavoirs sont de beaucoup les plus anciens. Leur origine remonte au xvii⁰ siècle. Le 16 septembre 1623, un traité assurait à un entrepreneur le droit à perpétuité de mettre sur la Seine « des bateaux pour servir à laver la lessive, en telle quantité qu'il sera admis et en tel endroit qu'il verra le plus à propos ».

Ce privilège finit par tomber, mais il fut renouvelé vers 1829, en ce qui concerne le canal Saint-Martin, dont les bateaux sont la propriété exclusive de la famille Jean Benoit, en vertu d'un bail que lui a consenti à l'origine la Société de ce canal. Aujourd'hui, on ne compte que 23 bateaux-lavoirs en Seine et 6 sur le canal, dans l'intérieur de Paris. Il y en a en outre 35 sur la Seine, la Marne et l'Oise dans la banlieue de la Seine et de Seine-et-Oise.

Après la guerre on pouvait voir encore, en face la *Belle-Jardinière* le lavoir de l'*Arche-Marion*, le doyen de tous, contemporain d'Henri IV s'il faut en croire la légende.

L'*Arche-Marion* mourut de vieillesse, rongé par le temps aussi bien que par l'eau. Une nuit, il y a quelque dix ans, les habitants des quais voisins entendirent un sourd craquement. C'était le dernier soupir arraché au vieux lavoir par la perte de son fond de bois qu'une crue de la Seine venait d'emporter.

Les lavandières de l'*Arche-Marion* durent aller chercher fortune ailleurs ; ce ne fut pas sans crève-cœur, car jusque-là elles occupaient une place d'honneur dans toutes les fêtes du carnaval ou de la Mi-Carême. Les bals de Paris avaient dû bien des héroïnes au vénérable lavoir ; il avait fourni à la *Closerie des Lilas*, Rosa Venusté et Aglaé Ventre-à-terre, qui levaient la jambe bien mieux que le

battoir et ont inauguré un nouvel art chorégra-
phique, perfectionné depuis dans un sens ultra-
naturaliste.

En 1867, M. Haussmann, préfet de la Seine, signa
un arrêté portant que « les réparations ayant pour
résultat de prolonger la durée des bateaux à lessive
ne seront plus autorisées », et stipulant « que le
droit de suppression à un moment donné et pour
raison d'utilité publique était expressément ré-
servé. »

Cette disposition, qui devait les faire disparaître,
fut oubliée après la guerre et, en décembre 1880,
les propriétaires de bateaux-lavoirs demandèrent
au conseil municipal le retrait de l'arrêté de 1867.
Le conseil vota bien dans ce sens, en invitant les
préfets compétents à déférer à ce vœu, mais sa
délibération eut pour effet de déchaîner après les
malheureux blanchisseurs les membres du conseil
d'hygiène et les ingénieurs du service de la navi-
gation. De part et d'autre, on se lance avec tant de
vigueur à la tête les mémoires, les rapports et les
pétitions, qu'il est bien difficile de prédire à qui
restera la victoire.

La création de lavoirs publics dans l'intérieur
de Paris date seulement de 1832 ; le premier a été
érigé au numéro 3 de la rue du Marché-Saint-Lau-

rent. La question des lavoirs, liée si étroitement à celle de l'hygiène, préoccupa vivement les hommes de 1848. En 1850, la date mémorable pour la corporation, un crédit de 600.000 francs fut voté pour favoriser la construction de nouveaux lavoirs. On en comptait 91 ; il y en a aujourd'hui plus de 400.

En 1853, Napoléon III fit ériger à grands frais par des ingénieurs et des constructeurs anglais, un établissement de bains et lavoirs publics sur le modèle de ceux qu'il avait vus à Londres. L'entreprise ne réussit pas ; de guerre lasse, l'administration de la liste civile dut en faire l'abandon à la ville de Paris, qui le fit démolir, pour élever à sa place la mairie du IIIe arrondissement.

La clientèle des lavoirs est de deux sortes : ce sont d'abord les laveuses de profession, puis les ménagères procédant elles-mêmes au blanchissage de leur linge de famille. Dans la première catégorie, on peut faire encore une subdivision, en distinguant les *piéçardes*, sorte de marchandeuses, qui travaillent à façon pour les blanchisseuses en boutique.

De toutes les ouvrières, la blanchisseuse est celle qui nous a paru le mieux aimer son métier ; et cependant l'ouvrage est rude et la profession pénible à exercer. Les laveuses semblent être les proches parentes des dames de la Halle. On leur retrouve les mêmes défauts et les mêmes qualités, le verbe haut et le parler franc, mais aussi le cœur pitoyable et la main toujours généreusement tendue.

Les unes et les autres ont une fête commune, la Mi-Carême, pour laquelle on se prépare pendant de longs mois dans les lavoirs aussi bien que dans les marchés. Sans ces deux vaillantes corporations, c'en serait fait depuis longtemps du morose carnaval. C'est encore sur leurs lèvres qu'on retrouve le mieux le vieux rire gaulois.

VIII

LES TAILLEURS

Jadis, la maison syndicale des marchands drapiers s'élevait dans la rue des Déchargeurs. Le
percement de la rue des Halles l'a fait disparaître
en 1866, mais son portique a été réédifié dans les
jardins de l'hôtel Carnavalet et habilement res-
tauré par M. Félix Roguet, architecte, et M. Ch.
Gauthier, sculpteur, d'après les dessins de l'architecte primitif Jacques Bruant, qui le construisit
sous Louis XIII. Les sculptures représentent la
ville de Paris commerçante et deux belles caria-
tides encadrent les armes de la corporation : *Un
navire d'argent à la bannière de France, au champ
d'azur, un œil en chef avec cette légende :* UT CŒTEROS
DIRIGAT.

Nous ne nous arrêterons pas aux détails historiques de cette corporation puissante, formant le premier des six corps marchands de Paris, qui réunissaient quarante-quatre communautés différentes. Nous ne referons pas non plus l'histoire corporative des tailleurs. Contentons-nous de noter que parmi les privilèges des drapiers figurait celui de veiller sur la Halle au Blé et d'en nommer le gardien. Or, c'est encore entre l'ancienne Halle au Blé, devenue la Bourse du Commerce, et la Banque de France que se trouve centralisé à notre époque le commerce de la draperie.

Ce commerce avait relativement autrefois beaucoup plus d'importance qu'aujourd'hui, car le client achetait directement son drap chez le marchand et le portait chez son tailleur. C'est à dater seulement du premier Empire que cet usage s'est modifié et que les tailleurs ont commencé à fournir le drap. Cette manière d'opérer est générale aujourd'hui dans les grandes villes, mais dans les campagnes, le client persiste à fournir au tailleur le drap qu'il a acheté au drapier. Les paysans qui alimentent le carreau des Halles ont encore la coutume de se rendre chez les drapiers du quartier de la Banque pour acheter eux-mêmes les étoffes qui leur sont nécessaires.

Les archives de la chambre syndicale des ouvriers tailleurs renferment entre autres documents un rapport de deux de leurs délégués à l'Exposition universelle de Londres en 1862, MM. Machure et Pradelles. On y trouve les renseignements les plus intéressants sur la transformation de la corporation durant la première moitié du XIXe siècle. Avant tout, il faut définir l'origine du vêtement moderne.

La Révolution de 1789, qui apportait de si grands changements dans l'ordre social, en amena aussi dans le costume. La nation ne voulait rien conserver de ce qui rappelait les modes monarchiques : c'est alors que *l'habit* prit naissance ; il tenait le milieu entre le justaucorps et le frac, c'est-à-dire qu'il était plus court que le premier et un peu plus long que le second. Il descendait à environ dix centimètres du jarret ; les devants étaient garnis de chaque côté d'un rang de gros boutons en acier ; le collet couvrait complètement le col ; la taille était très courte. Les pantalons montaient jusque sous les bras. C'est à cette époque que l'on commença à porter des bretelles.

Nous devons mentionner aussi les robes de chambre, costume arménien, qui commença à être porté sous le règne de Louis XV ; J.-J. Rousseau fut un de ceux qui contribuèrent le plus à le propager, car c'était son vêtement favori ; ce costume a toujours conservé sa forme primitive. L'habit noir ne devint véritablement national qu'en 1790, à la fête de la Fédération du Champ-de-Mars. A cette époque fut supprimé tout ce qui pouvait rappeler les privilèges que la Révolution venait de faire disparaître.

La redingote, qui est d'origine anglaise, fut importée en France sous le règne de Louis XV, sous le nom de *ridinchood* ou *riding-coat*, qui signifie habit ou manteau pour monter à cheval ; mais elle ne passa dans les modes françaises que vers 1825. Jusqu'alors, ce costume avait été considéré comme un costume révolutionnaire, et il n'était porté que par des jeunes gens. Après 1830, les redingotes se portèrent très longues ; les redingotes *à la propriétaire* sont restées légendaires.

Pardessus, redingote et pantalon, voilà les trois pièces typiques du vêtement moderne masculin. Prenons la collection des gravures publiées par la Société philanthropique des maîtres tailleurs, qui sont deux fois par an pour leur corporation ce que la *carte des nuances* est aux fleuristes et aux plumassiers. Partons de 1850, et voyons les fluctuations de la mode.

1850. — Le pardessus et la redingote sont très ajustés ; le pantalon se fait collant avec dessous de pieds.

1851. — Les modes restent les mêmes, mais la forme jupe s'accentue pour la redingote.

1852. — Apparition du manteau vénitien.

1854. — Les redingotes se font avec poches sur le côté, et il est de bon ton de laisser passer son mouchoir par la poche de droite.

1855. — On commence à rechercher les étoffes claires, de fabrication anglaise, pour pantalons.

1856. — Les habits cessent d'être aussi ridiculement serrés à la taille.

1858. — C'est au tour des pantalons à avoir plus d'ampleur.

1859. — Les manches des vêtements sont très épaulées et le pantalon continue à s'élargir.

1862. — Les vêtements deviennent de plus en plus larges et la forme *sac* est destinée à triompher en 1863.

1866. — Les cols des vêtements se font très larges, ainsi que les revers. On taille les pantalons avec échancrures, de façon à dégager le cou-de-pied.

1867. — Les pantalons redeviennent étroits.

1868. — On écourte d'une façon extraordinaire pardessus, redingotes et jaquettes.

1870. — On fait des pardessus courts avec pèlerine et col de velours.

1872. — L'écourtement des habits persiste ; la jaquette devient à la mode.

1873. — Il est de bon ton de faire sortir le mouchoir de la petite poche de côté de la jaquette. Les vêtements ont plus d'amplitude, principalement aux manches.

1875. — On porte des vestons avec grands revers. Les pantalons sont très larges.

1877-78. — Triomphe des pantalons à **pieds d'éléphant.**

On sait ce qu'il est advenu depuis de cette dernière mode qui n'est plus en honneur que sur les boulevards extérieurs. Restons-en là ; les modes qui ont suivi, sont encore trop près de nous, pour pouvoir les caractériser et les juger impartialement.

Qui est-ce qui fait la mode masculine ? C'est le pendant de la cocotte, le désœuvré qui n'a d'autre préoccupation que la toilette de son inutile personne, c'est celui qu'on nomme suivant les époques : l'*incroyable*, le *dandy*, le *fashionable*, le *lion*, le *petit-crevé*, le *gommeux*, le *boudiné*, le *pschutteux* ou le *squameux*.

Au temps de Jules Janin, on n'en était qu'au fashionable. Voici le portrait qu'il nous en a laissé : « En général vous reconnaîtrez un *fashionable* à la forme de ses habits, à la coupe de ses cheveux, à sa pommade, à la cire de ses souliers, à ses gants jaunes, à la pomme d'or de sa canne, à son binocle (le fashionable a la vue basse), à sa taille courbée, à son pied long et étroit, au débraillé de sa cravate, hier lourdement empesée, à toute la grâce de sa personne ; seulement ne le faites pas parler. » Nous n'aurions aujourd'hui que bien peu de retouches à faire à ce portrait.

Il y a deux façons de s'habiller à Paris, en s'adressant tout d'abord à un tailleur : c'est la *commande ;* ou bien en allant dans les maisons de *confection.* Voyons l'origine de ces dernières.

En prenant son drap directement chez le tailleur, le client acquit en même temps la facilité de laisser pour compte les vêtements qui ne lui convenaient pas ; des industriels passaient à chaque fin de saison chez les maîtres tailleurs, faisaient un solde de tous ces vêtements et les vendaient au marché Saint-Jacques ou dans les environs de Paris, les jours de marché. L'écoulement assez facile de ces vêtements donna l'idée aux marchands de draps délaissés par leurs anciens clients de faire confectionner des vêtements et d'entrer ainsi en concurrence avec les maîtres tailleurs.

La grande difficulté que rencontrèrent les confectionneurs à l'origine, ce fut de trouver des ouvriers qui consentissent à travailler pour eux. A cette époque les diverses catégories d'ouvriers tailleurs étaient groupées en atelier autour du maître tailleur, qui ne dédaignait pas de mettre la main au travail. Or l'ouvrier qui aurait travaillé pour les confectionneurs, que l'on appelait alors les fripiers, eût été déshonoré aux yeux de ses camarades.

Petit à petit, les tailleurs, pour réaliser des économies, cessèrent de grouper les ouvriers chez eux dans des ateliers qui exigeaient des locaux assez vastes et d'un prix onéreux. Ils organisèrent le travail de l'ouvrier à domicile, qui fut généralisé par l'invention de la machine à coudre. Les préjugés d'atelier disparurent en même temps et la confection put se développer et opérer la transformation radicale de l'habillement de la population ouvrière, en proscrivant la blouse d'une façon presque absolue.

Il est assez difficile de chiffrer la population ouvrière occupée par les deux classes de producteurs de vêtements d'hommes, tailleurs et confectionneurs. Il en est de même de leur mouvement, d'affaires qu'on évalue approximativement à *trois cents* millions.

Les ouvriers tailleurs se répartissent en plusieurs catégories, les uns travaillant à domicile, les autres chez le patron. Ceux qui travaillent à domicile sont logés dans tout Paris, même dans les quartiers les plus riches. On trouve toutefois sur certains points de Paris des agglomérations d'ouvriers tailleurs constituant de réelles colonies, à Montmartre notamment, aux environs de la place Pigalle et de la rue Germain-Pilon. Au point de vue de la nationalité, si l'on évalue à 30.000 le nombre des ouvriers tailleurs, il faut estimer que près de la moitié sont étrangers, c'est-à-dire Allemands, Suisses et surtout Belges.

Les ouvriers tailleurs ont une grève assez régulièrement fréquentée dans le jardin de la Bourse, à gauche du monument, du côté de la rue de la Banque; l'embauchage s'y pratique surtout dans la matinée.

Quant aux patrons tailleurs travaillant sur mesure, on en compte environ 1.700. Il y a à Paris tout au plus trente maisons étrangères se décorant du titre de *british tailors*. En réalité, quatre ou cinq de ces maisons sont réellement anglaises; leur installation en France et leur prospérité remontent au règne de Napoléon III. L'ex-empereur, ayant longtemps habité Londres, redonna la vie, après son avènement, à l'anglomanie que le xviiie siècle nous avait léguée, mais qui paraissait être oubliée.

En agissant ainsi Napoléon III ne suivait pas seulement ses goûts personnels, il acquittait une dette envers de riches industriels londoniens auprès desquels son passif était considérable.

Les maisons anglaises de Paris sont toutes de premier ordre, ayant un tarif des plus élevés et livrant à leur clientèle des articles riches, solides, mais manquant de cette élégance de coupe dont les tailleurs parisiens semblent avoir le secret. Les autres maisons prenant cette étiquette anglaise sont de simples maisons allemandes écoulant des draps allemands fabriqués à Aix-la-Chapelle.

Ce sont plutôt des confectionneurs que des tailleurs sur mesure, comme ils le prétendent. Voici en effet leur manière d'opérer : ils expédient d'Allemagne en Angleterre leurs pièces de draps dont ils font tirer pantalons, gilets et jaquettes, qui viennent en France à peu près terminés, sauf ce qui concerne les parties essentielles ayant besoin d'être ajustées à la taille du client ; pour une jaquette, c'est par exemple le col et les manches. Un client vient-il dans une de ces maisons, on lui fait choisir son étoffe, on lui prend mesure et on cherche ensuite dans le stock des vêtements à demi confectionnés celui qui se rapproche le plus des mesures relevées. Le vêtement est alors achevé à Paris, mais l'industriel bénéficie de la main-d'œuvre pratiquée en Angleterre, où les ouvriers travaillent en ateliers, voire en usines, à des prix inférieurs à ceux qui sont adoptés à Paris.

La clef de voûte de toute maison française ou étrangère c'est le coupeur, qui prend les mesures aux clients, qui coupe le drap pour le donner à bâtir et à coudre aux autres catégories d'ouvriers. Le coupeur qui doit être d'une grande habileté et dont l'apprentissage se fait dans des cours spéciaux, est engagé à l'année, et, bien que nourri par le patron, reçoit un salaire qui est rarement inférieur à trois mille francs, et qui peut s'élever jusqu'à quinze mille.

Mais il y a coupeurs et coupeurs ; pour s'en convaincre, lisez la curieuse comparaison faite par un coupeur de mesure à un coupeur de gros, dans le journal corporatif *la Couture* :

Tenez, camarades, coupeurs de gros, savez-vous ce que nous sommes par rapport les uns aux autres ? Si au lieu d'appartenir à la race qui pique (ou qui coupe les membres de la Société philanthropique) nous appartenions à la race hippique, vous seriez les chevaux d'omnibus qui ont toujours le même chemin, le même tracé, la même marche; servant la grosse clientèle, en masse, en série. Chevaux harcelés par le maître, fouettés par le chef, contrôlés par le livre.

Nous, coupeurs des moyennes maisons, nous représenterions les chevaux de fiacre, connaissant Paris dans tous ses méandres, dans tous ses détours, servant la clientèle la plus disparate, la plus difficile et la plus difforme : bossue, tordue, bancale, droite, voûtée, renversée, etc., chevaux pires que les premiers par la fatigue, les difficultés et les déboires (pas souvent les pourboires).

Quant aux coupeurs de grandes maisons, vous avez déjà compris qu'ils rentraient dans la catégorie des chevaux de maître et de grandes remises ; chevaux mieux logés, mieux nourris, mieux harnachés et mieux étrillés ! Ah ! voilà ! c'est le coup de l'étrier que vous leur enviez ? Eh bien ! je vous réponds qu'ils le sont, étrillés, les coupeurs de grandes maisons. Demandez-leur ce qui leur reste au bout de l'année, malgré leur salaire de 4, 5, 6.000 francs : tout est passé en harnachement, en frais de représentation et de nourriture. Demandez-leur ce qu'ils deviennent, quand ils sont arrivés à l'âge où l'on ne marque plus bien ? C'est tout simple, ils se font chevaux de fiacre : puis, quand ils ne marquent plus du tout, on les envoie chez Moquart, c'est-à-dire à l'hospice, car ils ne peuvent plus servir, même pour les omnibus où il faut maintenant des chevaux robustes, forts et bien d'attaque.

Après le coupeur, viennent :

L'*apprêteur*, qui va en ville prendre mesure, faire les essayages, qui coupe parfois les pantalons et les gilets et qui apprête les fournitures, telles que boutons, doublures ou galons.

L'*apiéceur* travaille à domicile. C'est lui qui confectionne ce que l'on nomme les grandes pièces, c'est-à-dire les pardessus, redingotes, habits, vestons et jaquettes.

Les *culottiers* et les *giletières* confectionnent ces deux articles dénommés petites pièces. Tous travaillent à façon, mais apiéceurs et culottiers se transforment souvent en petits entrepreneurs. Dans ce cas, l'apiéceur se fait aider par des *petits bœufs*, jeunes ouvriers qu'il paye 50 centimes l'heure en moyenne. De son côté, le culottier engage des femmes pour coudre à la main ou à la machine et un *presseur* sans cesse occupé à repasser les coutures.

Enfin, il y a chez le maître tailleur un ouvrier bien connu du public: c'est le *pompier*, dont les *poignards* ne font peur à personne, car on sait que par poignards il faut entendre les retouches qu'il apporte aux vêtements.

Ces différences de spécialités entre ouvriers tailleurs se traduisent par des inégalités de salaire, dans lesquelles notre cadre ne nous permet pas de rentrer. Nous croyons en avoir assez dit pour montrer toute l'importance et tout l'intérêt qui s'attachent à cette industrie essentiellement parisienne.

IX

L'ART DU COUTURIER

« La plupart des métiers, si longs à pénétrer à fond, sont les branches réelles d'un art. Ceux du bottier, du tailleur sont bien près de la sculpture. Le dirai-je? Pour un tailleur qui sent, modèle et rectifie la nature, je donnerai trois sculpteurs classiques. »

Ces lignes sont de Michelet. Si j'ouvrais pour mes lecteurs *l'Art dans la parure et dans le vêtement*, du regretté Charles Blanc, j'aurais des pages entières à citer, qui ne font que développer cette même idée.

Si Michelet a pu s'exprimer ainsi à l'égard du bottier et du tailleur, que faut-il penser de l'art du couturier, qui, au talent du sculpteur, doit

joindre celui du peintre le plus savamment colo-
riste? L'homme n'offre-t-il pas d'ailleurs des
lignes beaucoup plus nettes et beaucoup plus
simples à saisir que celles de la femme?

Avant de nous occuper de cet art du couturier,
jetons un coup d'œil sur l'ensemble de cette profession. Il faut évaluer à 60.000 le nombre des
ouvrières que la couture pour robes et confections
de dames fait vivre à Paris. Dans ce chiffre,
cependant, je ne compte pas les professions
annexes, qui sont à l'infini et dont les lecteurs
peuvent dresser eux-mêmes une nomenclature, en
allant regarder les centaines de petits carrés de
papier qui tapissent le mur de l'église Saint-
Eustache, vis-à-vis les Halles centrales. Durant
toute la journée, c'est un interminable défilé de
femmes, de jeunes filles et de fillettes, qui se
rendent à ce bureau de placement en plein vent,
pour y relever l'adresse des maisons demandant
des ouvrières de leur profession.

Les 60.000 couturières dont nous venons de
parler travaillent pour le compte d'environ
2.500 maisons, se répartissant ainsi: 1.800 couturières d'un ordre inférieur, 200 maisons de premier
et de second ordre, 500 entrepreneurs et entrepreneuses de confections, et enfin les grands maga-

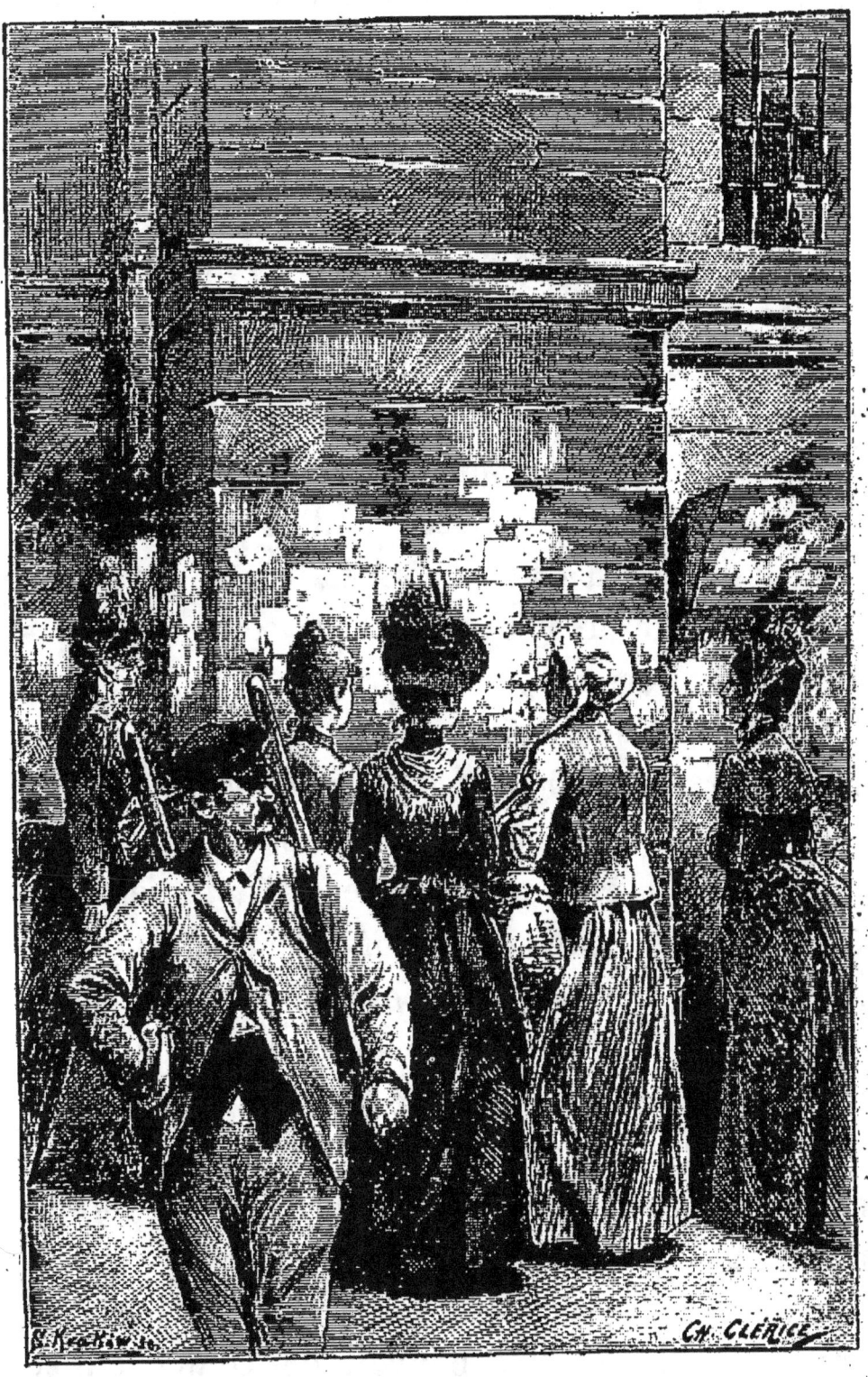

LA POINTE SAINTE-EUSTACHE (p. 136).

sins de nouveautés. Abstraction faite de ces derniers, le chiffre d'affaires monte annuellement à
250 millions. Entre tous, se distingue le couturier,
le véritable ministre de la mode, dont la maison
de commerce résume toute l'industrie qui vit de
la femme. C'est d'ailleurs une erreur de croire que
ce couturier ne vend que des corsages, des jupes,
des robes ou des manteaux, il se chargera tout
aussi bien de procurer à sa clientèle tout ce qu'elle
est susceptible d'acheter pour la toilette féminine,
depuis des souliers et des bas de soie jusqu'à des
chapeaux et des éventails.

Au XVIe siècle, on ne comptait que des couturiers. Le corps des *maîtres tailleurs d'habits*,
qu'Henri III avait réorganisé en 1588, lui donnant
pouvoir de faire tout vêtement d'homme et de
femme, sans aucune exception, s'était volontairement partagé en deux branches, dont l'une s'adonnait entièrement aux vêtements d'homme et de
femme, tandis que l'autre ne faisait que les corps
et corsets des femmes et des enfants. Louis XIV
enleva à la première la faculté de faire des habits
de femmes, et créa, en 1675, un corps de maîtrise
féminin, sous le titre de maîtresses couturières,
auxquelles il donna le pouvoir de confectionner
tous les vêtements de leur sexe.

On en est revenu aujourd'hui à la tradition du
xvi⁰ siècle. Le nombre des couturiers tend en effet
à augmenter d'année en année. Même lorsque le
vêtement est exécuté par une femme, on peut
dire, comme nous le verrons tout à l'heure, qu'il a
été créé par un homme.

— Pourquoi nous appeler des couturiers ? me
dit un jour l'un d'eux.

—- Mais sans doute parce que couturier est le
masculin de couturière.

— Voilà l'erreur ; nous ne sommes pas plus
couturiers que couturières... nous sommes des
tapissiers de femmes.

Ce que je ne puis rendre, c'est la nuance sceptique
et dédaigneuse avec laquelle cette parole fut pro-
noncée, puis commentée. Dans ses rapports incessants avec la femme, le couturier en arrive toujours à un profond mépris du féminin. Il ne s'agit
pas de cette hauteur superbe d'un coq au milieu
d'un troupeau de poules ; le couturier n'aime pas
les femmes, on dit même que certains n'aiment
pas la femme.

Ce sentiment se traduit chez eux par un manque
complet d'aménité à l'égard de leur personnel. Un
charretier a souvent plus de pitié pour ses bêtes
de somme, que le couturier pour ses vendeuses,

ses poseuses et ses premières. Au gré de ses clientes, le couturier est un homme charmant ; un peu impatient parfois, mais on lui pardonne facilement : il a tant de choses dans la tête, cet homme de génie qui crée des merveilles !

Sa journée est d'ailleurs bien remplie. Dès le matin, il est assailli par les placiers qui viennent lui offrir les marchandises les plus diverses, sans qu'il ait jamais à se déranger. Il en est ainsi d'ailleurs pour les couturières de troisième et même de quatrième ordre. Nous reviendrons sur cette question des intermédiaires, en parlant des grands magasins de nouveautés.

Des marchandises qui lui sont offertes, le couturier fait trois lots : il repousse les unes, il achète les autres au comptant et fait un lot spécial des marchandises qu'il garde à commission, c'est-à-dire qu'il payera seulement au cas où il trouvera à les utiliser.

Toutes les fournitures sont portées à la *manutention*, le service qui délivrera à chaque atelier ce qui sera nécessaire pour l'exécution des commandes. La maison compte quatre ateliers : l'un fait le corsage, un autre la jupe, le troisième ne s'occupe que des confections, telles que visites, manteaux drapés ou pelisses ; le dernier atelier a

la spécialité des jaquettes et manteaux façon tailleur. Les trois premiers ont à leur tête une *pre-*
mière; le quatrième est dirigé par un homme, car
les femmes, excellentes pour draper et chiffonner,
n'arrivent jamais à ajuster un vêtement d'une
façon aussi parfaite qu'un homme. Avant de voir
le fonctionnement de ces ateliers, pénétrons dans
les salons de vente.

Durant tout l'après-midi, une file d'équipages,
rangés le long du trottoir, éveille la curiosité du
passant. S'il lève la tête pour regarder la maison à
l'entrée de laquelle des valets de pied attendent
ainsi, formant un bariolement avec leurs livrées,
il lit au-dessus de la porte cochère le nom du
grand couturier majestueusement gravé sur une
plaque de marbre.

Entrons à la suite de cette cliente, qui vient
de mettre pied à terre. Elle monte un étage et pénètre délibérément dans les salons du faiseur à la
mode. Tout aussitôt plusieurs femmes s'empres-
sent autour d'elle ; on lui avance un fauteuil, dans
lequel elle se laisse aller négligeamment. Elle reste
à causer avec l'une de ces femmes, c'est sa *ven-*
deuse ordinaire. Elle vient pour deux motifs : il
s'agit tout d'abord de commander une robe pour
un grand mariage, en second lieu, il lui faut exa-

miner une toilette de plage que le couturier a dû créer pour elle, en vue de la prochaine saison d'été.

La vendeuse fait examiner des étoffes, interroge sa cliente, en un mot prépare les voies au grand couturier. Celui-ci daigne alors apparaître. La vendeuse lui explique ce que désire la cliente, celle-ci de son côté développe devant le maître ses désirs et ses idées. Le couturier ne dit mot ; il réfléchit ; enfin, après avoir fermé les yeux d'un air inspiré, il déclare :

— Madame, je ne vous vois pas dans cette toilette.

Cet oracle ne suffit pas toujours à réduire au silence toutes les clientes. Il y en a qui, ayant une sérieuse envie d'un costume, tiennent bon. Le grand couturier se soumet avec une pointe de commisération. S'il consent à exécuter la commande telle qu'elle lui est donnée, il laisse à entendre qu'étant avant tout commerçant, il fabrique une robe, comme son voisin le cordonnier façonnera n'importe quelle chaussure.

Il s'agit maintenant de passer à l'essayage du costume de plage. Le corsage n'est pas prêt ; la jupe seule est terminée. Le couturier fait un signe, et, passivement, on voit s'avancer une assez jolie femme en grande toilette, aux allures d'automate, qui n'est autre chose qu'une *poseuse*, c'est-à-dire un mannequin vivant. On lui passe la jupe à essayer. La vendeuse et le couturier la tournent et la retournent ; la cliente se hasarde à placer une observation. — Il me semble qu'il y aurait une retouche à faire par ici ; ce pli tombe mal.

Le grand couturier regarde ; il hoche la tête ; puis, il se décide à donner son avis.

— Oui... peut-être... on pourrait faire un becquet.

Tout le couturier est dans ce mot de *becquet*. La façon dont il le prononce donne la mesure de son omnipotence. Il faut être un artiste, un grand artiste, pour faire un becquet.

Certes, le couturier est artiste ; il est impossible de le nier ; malheureusement les ridicules qu'il se donne pour établir son prestige aux yeux de son personnel et de sa clientèle amoindrissent singulièrement son caractère.

Dans l'art du couturier, il y a des règles faciles à observer. Le nombre des femmes bien proportionnées est assez restreint. En cela, la taille ne signifie rien ; une petite femme peut être aussi bien faite qu'une grande. Mais, il y en a, par exemple, qui sont trop maigres et trop petites, ou bien trop grandes et trop maigres; d'autres, au contraire, auront une rotondité débordante. L'art du couturier consistera à donner aux unes comme aux autres un aspect harmonieux.

S'il s'agit de faire une robe de bal pour une femme très maigre et très grande, le couturier commencera par lui élargir les épaules au moyen d'épaulettes de dentelle; il raccourcira son buste en donnant la forme ronde à son corsage et agira de même pour la jupe en pratiquant horizontalement des draperies, qui auront en outre pour résultat de lui développer les hanches.

Est-il question d'un costume de ville pour une femme petite et maigre, le couturier lui allongera le buste, au contraire, avec un corsage se terminant en pointe. Ce corsage, il le fera de deux étoffes, dont la plus légère servira à faire des bouillonnés, qui donneront à la poitrine de la cliente une apparence trompeuse. Comme il faut l'allonger également par le bas, le couturier fera usage pour la jupe de *pékins*, c'est-à-dire d'étoffes rayées, dont les raies seront disposées verticalement, de façon à produire l'effet d'optique désiré.

Pour une femme grosse, le problème est de l'amincir. Il faudra que le corsage soit composé d'une seule étoffe; la soie est encore préférable.

Le corsage, également en pointe, sera allongé, en outre par deux petits froncés, très étroits, partant de l'épaule pour mourir vers la ceinture. Le couturier effacera les hanches en faisant une jupe à plis droits, avec une quille sur un des côtés.

Quand on habille une femme, il faut tenir compte de tout, de sa taille, de la couleur de ses cheveux, de son teint, du port entier de sa personne, des circonstances dans lesquelles la toilette doit être produite, de l'époque de l'année pendant laquelle elle sera utilisée. Que sais-je encore?

Un couturier vraiment digne de ce nom doit avoir comme base de ses créations une connaissance approfondie du costume historique. Les ouvrages ne manquent pas pour lui permettre de parfaire son éducation artistique; mais c'est au musée du Louvre qu'il peut rechercher le meilleur enseignement.

En outre, pour trouver des idées sans cesse nouvelles, pour faire des créations qui ne rappellent pas celles de la veille, il faut aux couturiers et aux couturières une certaine disposition imaginative. Cependant, lorsque les uns ou les autres n'ont pas le temps d'avoir des idées, ils en achètent. Les vendeurs d'idées sont des dessinateurs de *figurines*; on en compte une douzaine environ à Paris. Leur

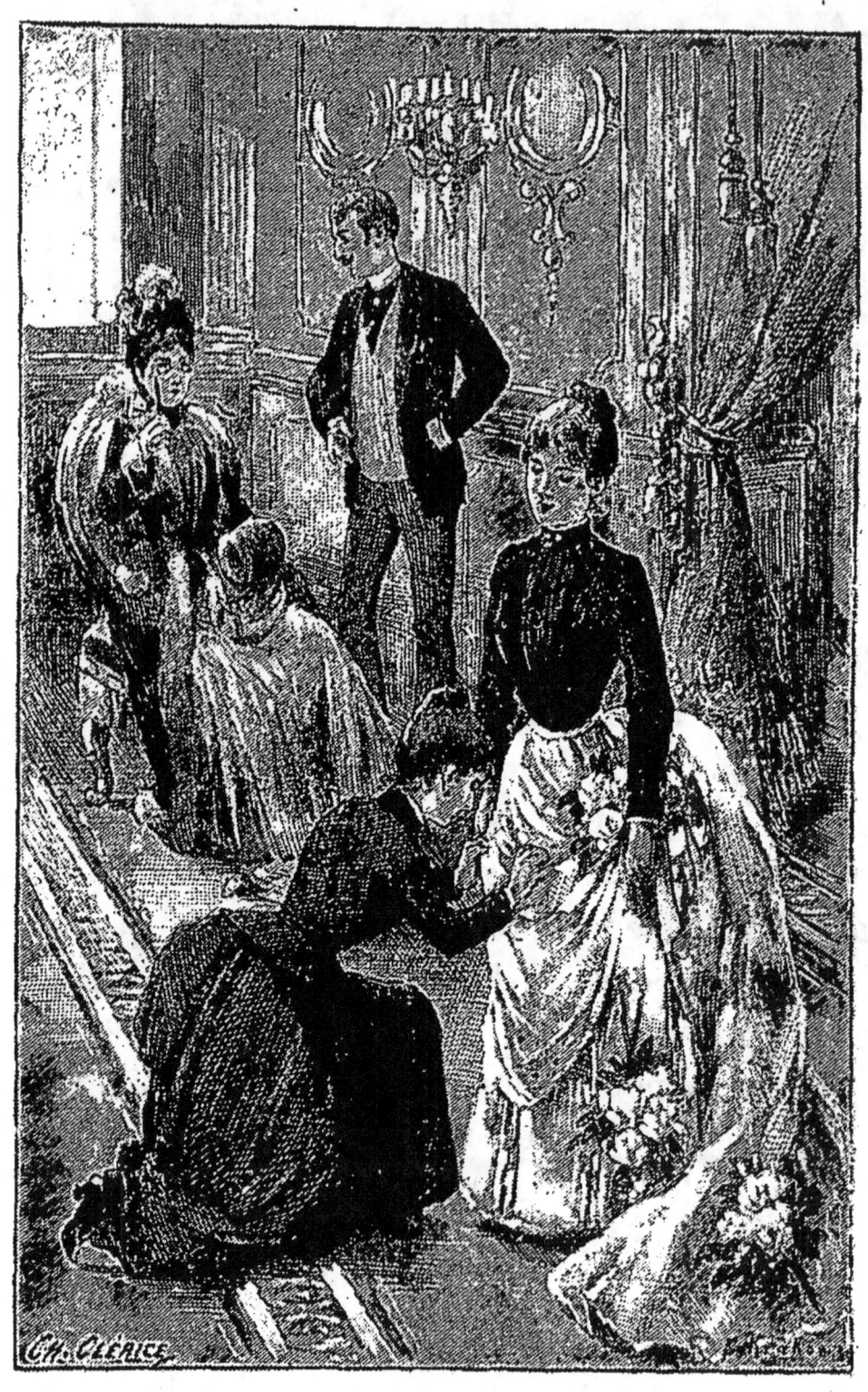

CHEZ LE GRAND COUTURIER (p. 144).

clientèle est composée des couturiers et couturières, des entrepreneurs et entrepreneuses de confections, des grands journaux de mode, voire de quelques grandes dames étrangères qui trouvent plus économique de s'adresser à l'un de ces dessinateurs pour avoir à chaque saison une série de modèles inédits qu'elles font exécuter à Rome, à Madrid, à Saint-Pétersbourg, à Vienne. par leurs couturières ordinaires.

· Une bonne maison de couture dépense jusqu'à deux mille francs par an en achat de figurines. Beaucoup de ces modèles sont de simples croquis, car ce n'est pas une œuvre d'art qu'achète la couturière, c'est une idée nouvelle ou retrouvée, — puisqu'il n'y a de neuf que ce qui a vieilli pour employer une définition bien connue ; — mais en tout cas, cette idée est originale.

Le grand couturier se défend d'acheter des figurines; c'est parfaitement vrai, seulement c'est sa première, chargée de la composition de telle ou telle robe, qui en achète pour lui. Ces figurines ne peuvent pas toujours être exécutées pratiquement ; le dessinateur qui les a conçues n'entend généralement rien à la couture. Il faut donc voir si la figurine peut servir de modèle pour la confection définitive d'une commande. La première ou la cou-

turière s'en assurent, en en faisant une réduction à
l'aide de papier ou mieux de mousseline de couleur.
Le modèle définitif ainsi arrêté, on passe à l'exécution.

Dans une importante maison, pour chaque
commande on fait une fiche au nom de la cliente.
La première de l'atelier des corsages ayant déterminé la toilette à bâtir, son *apprêteuse* taille le
corsage et prépare les fournitures que les *garnis-
seuses* seront chargées d'y fixer. Quand les retouches auront été faites, le dernier travail sera celui
de la *manchière*, une ouvrière ayant la spécialité
de cette partie du corsage.

De son côté, l'atelier des jupes ne reste pas
inactif. Après la première, la seule spécialiste est
la *retrousseuse*, qui, prenant une ou plusieurs
pièces d'étoffes, drape sur un mannequin, vivant ou
non, sans jamais rien couper avant qu'un résultat
décisif soit obtenu.

Au fur et à mesure que les ateliers se sont fait
délivrer soieries, lainages et fournitures, le service de la manutention a porté sur chaque fiche
les quantités employées, même les plus minimes,
en mentionnant leur prix de revient. On sait ainsi,
à un centime près, le prix coûtant de telle ou
telle robe. Il reste à évaluer le travail des diver-

ses ouvrières, vendeuses, poseuses, premières, couturières, etc., qui sont supposées y avoir mis la main. Ce prix de façon est le résultat d'une cote mal taillée, il est établi à quatre-vingts francs pour un costume. Il vient s'ajouter au prix coûtant; quant au prix de vente, il dépend de la fantaisie du couturier, qui double ou triple le prix de revient.

Nous avons dit qu'à côté des couturiers et couturières, il fallait placer les entrepreneurs et entrepreneuses de confections. A vrai dire, il faudrait distinguer bien des catégories entre eux. Nous n'en retiendrons que deux, ceux qui travaillent pour l'étranger et ceux qui approvisionnent les magasins de nouveautés.

Les premiers jouent le rôle d'échantillonneurs pour les commissionnaires allemands, anglais ou américains. Dès le mois de novembre, ils ont en magasin les créations de la saison d'été suivante. Les modèles leur en ont été fournis soit par des dessinateurs, soit par de petites entrepreneuses comme on en voit chiner de maisons en maisons avec une confection qu'elles ont imaginée, la bâtissant en mousseline avant de l'exécuter en étoffe.

Les Allemands sont les premiers à visiter les

magasins des échantillonneurs ; ils achètent huit, dix, quinze, cinquante, cent modèles même de coupes différentes, s'en retournent à Berlin et font reproduire les modèles achetés à Paris à des prix de façon bien inférieurs. Ils peuvent approvisionner ainsi l'Amérique et l'Angleterre à bon marché ; souvent même leurs articles s'écoulent en France comme confections parisiennes. Quelques maisons allemandes vont même plus loin, elles font coudre à leurs vêtements des rubans portant le nom d'une maison parisienne.

La façon d'opérer est la même pour les entrepreneurs des magasins de nouveautés, en ce qui concerne la production des modèles. Seulement, ils n'ont nul besoin d'en créer à l'infini comme les échantillonneurs des acheteurs étrangers. Quand un modèle lui agrée, le magasin de nouveautés en commande une série de même forme, de telle sorte que la saison de l'entrepreneur se passe quelquefois à refaire sans cesse le même objet, pour lequel il spécialise ses ouvrières.

Ce sont les journaux de mode qui fournissent aux couturières de troisième et quatrième ordre les modèles de la saison. Les dessins leur sont fournis soit par les créateurs de figurines, soit par des artistes spéciaux allant dans les

grandes maisons copier les robes achevées, ou
se rendant au théâtre, aux courses, au concours
hippique, pour y crayonner les toilettes qui leur
paraissent les plus originales.

Pas plus que les journaux politiques, les journaux de mode parisiens ne vivent de leur tirage et
de leurs abonnements. Ils trouvent surtout un
grand bénéfice dans la revente de leurs clichés
aux journaux de la province et de l'étranger.

En résumé, tout ce qui touche au vêtement de la
femme se crée exclusivement à Paris. Mais nous
ne pouvons nous empêcher de nous demander si
les couturiers et les entrepreneurs de confections
ne vont point contre les intérêts de la population
ouvrière de Paris, ne se portent pas à eux-mêmes
un grand préjudice en favorisant la diffusion à
l'étranger des modèles qu'ils créent sans relâche et
dont la reproduction alimente l'industrie de concurrents redoutables.

X

LES GRANDS MAGASINS

Les boyaudiers et les tablettiers. — Jurisprudence médicinale. — L'industrie du camelot. — Un article humoristique. — Les victimes de la concurrence. — Le système des primes. — Les premières annonces.

Au bon vieux temps jadis, lorsque les règles étroites des maîtrises, des jurandes, des communautés, des corporations enserraient le commerce et l'industrie, il vint un jour à l'idée de quelques jeunes gens de faire une partie de paume. Les voilà en quête du matériel nécessaire ; pendant une journée, ils coururent vainement la ville, d'un bout à l'autre, sans trouver une paire de raquettes à acheter.

Il y avait à cela une excellente raison, c'est que les tablettiers croyaient que les boyaudiers avaient seuls le droit d'en vendre à cause du réseau, et que de leur côté les boyaudiers étaient convaincus que seuls les tablettiers avaient licence d'en faire commerce à cause du manche.

Passe encore pour les joueurs de paume, mais les malades en étaient réduits à fabriquer leur vin de quinquina eux-mêmes, de par la jurisprudence alors en vigueur. Voici le procès qui l'avait établie : un pharmacien-droguiste et un cabaretier étaient porte à porte ; tous deux fabriquaient et vendaient du vin de quinquina.

Le pharmacien résolut de mettre un terme à cette concurrence, en faisant assigner le cabaretier pour lui défendre de vendre du quinquina, substance médicinale. Le tribunal acquiesça à sa requête, mais le droguiste ne jouit pas longtemps de son triomphe. Le cabaretier l'assigna à son tour, et, déférant à sa juste demande, le même tribunal ordonna au droguiste de ne plus débiter de vin.

Nous n'en sommes plus là, fort heureusement. Que ne trouve-t-on pas dans nos magasins monstres, nos bazars modernes ?

C'est que le commerce du détail a été l'objet d'une transformation radicale, dont les principaux agents ont été deux camelots. Pour bien comprendre la genèse des grands magasins actuels, il faut avoir étudié l'industrie du camelot, comme nous l'avons fait dans un précédent ouvrage, le *Pavé parisien*.

Aristide Boucicaut, le créateur du *Bon Marché*,

le magasin type, était un camelot *chinant au ballot*, c'est-à-dire allant de porte en porte offrir aux ménagères des articles de bonneterie et de lingerie. Ruel était un camelot vendant l'article de Paris, comme nous voyons faire tous les jours dans les rues. L'un est parti de la nouveauté pour arriver à l'article de Paris, tandis que l'autre ayant débuté avec ce même article en arrive également au commerce de la nouveauté.

Ce n'est pas qu'autrefois, nous voulons dire il y a quarante ans, on ne trouvât point de grands magasins; mais ces magasins de nouveautés se contentaient de vendre des tissus, dits *de nouveauté*; chaque commerçant faisait ses efforts pour augmenter le chiffre de ses affaires tout en restant marchand d'étoffes. C'est ainsi qu'on comptait les *Ville de France*, le *Pauvre Diable*, le *Coin de Rue* et enfin la *Ville de Paris*.

Lorsque ce dernier magasin ouvrit en 1844, rue Montmartre, à l'endroit où s'élève aujourd'hui un établissement de bouillon, la population parisienne demeura stupéfaite en présence de ses dimensions inusitées. Nous en trouvons une preuve bien curieuse dans un article humoristique publié par un petit journal de l'époque intitulé le *Paris comique*.

Depuis longtemps nous avions eu des affiches-monstres, des mélodrames-monstres, des choux-monstres et même des budgets-monstres ; nécessairement nous devions avoir un jour des magasins-monstres.

Aux yeux du vulgaire, cela ne semblait pas trop en prendre le chemin, vu la *spécialité* qui était devenue à la mode. Tel marchand se vouait aux chemises, tel autre aux faux-cols, celui-ci aux serre-têtes, celui-là aux boutons de guêtres, et les couturières se voyaient même incessamment menacées de courir chez dix merciers pour se faire un approvisionnement d'aiguilles, attendu que l'un ne tenait que les aiguilles fines, l'autre les demi-fines, et un troisième les épingles.

Mais, pour notre compte, ce raffinement de spécialités ne nous inquiétait pas ; nous disions même à nos amis et connaissances :

— En vérité, en vérité, le temps s'approche où, après avoir vu des magasins qui ne tenaient qu'une seule chose, vous verrez des magasins qui tiendront de tout.

Notre prophétie vient de s'accomplir, et suivant la loi de la mode, qui exige que des petits bibis on passe aux immenses chapeaux, et que des culottes fourreaux de parapluie on tombe dans les pantalons à la cosaque, — voici que des petits magasins spéciaux nous venons de tomber dans les magasins-monstres.

C'est la rue Montmartre qui a donné l'exemple, et le magasin qui a pour enseigne *A la Ville de Paris* ne compte pas moins de 150 becs de gaz et de 150 commis. — C'est un bec de gaz par commis ou un commis par bec de gaz, comme vous voudrez.

Ce magasin, à vrai dire, n'est pas un magasin ; c'est une halle immense qui contient des approvisionnements de robes, de pantalons et de gilets de flanelle pour tous les Parisiens en cas de siège. Le toit est à l'épreuve de la bombe.

Le *Pauvre Diable* , le *Petit-Saint-Thomas* (farceur qui aurait mieux fait de s'appeler le *Grand-Saint-Thomas*), les *Deux Magots* et tous les autres magasins qui avaient la réputation d'être gigantesques, ne sont plus que de petits roquets de magasins auprès de la *Ville de Paris*, qui ne peut se comparer qu'aux catacombes, sans autre comparaison de marchandises.

Vous entrez pour acheter une robe de percale, et naturellement vous vous adressez au premier commis que vous voyez : il vous répond après avoir réfléchi un instant.

— La percale ?. . où diable cela se tient-il ?... Ah ! ayez la complaisance d'aller jusqu'au 127e bec de gaz, et, à votre main droite, vous trouverez le commis chargé des percales !

Vous vous mettez en route en comptant les becs de gaz sur vos doigts ; ça ne va pas mal jusqu'à dix : puis, passé ce nombre, vous vous livrez à des calculs inouïs de crainte de vous tromper ; enfin vous touchez sur le 127e bec de gaz, et vous lui dites (au commis pas au bec de gaz) :

— Monsieur, je voudrais avoir de la percale.

— Pour chemises, madame ?

— Non ; pour robes...

— Ah ! dans ce cas ayez la complaisance de vous adresser à M. Alphonse... il est chargé de la partie des robes... je ne tiens que des chemises.

— Où prenez-vous M. Alphonse ?

— Au 87e bec de gaz à votre main gauche.

Vous retournez donc sur vos pas et sur vos becs de gaz, et si vous comptez bien, vous finissez par arriver au comptoir des robes de percale ; vous y trouvez même plus que des robes, car vous y voyez dix-sept cuisinières, dont quinze portières, qui sont arrivées avant vous et qui font queue depuis pas mal de minutes, en attendant leur tour pour être servies.

Au bout de trois bons petits quarts d'heure, arrive enfin aussi l'instant heureux où vous pouvez choisir votre robe; seulement au moment de payer, on ne vous prend pas votre argent, mais on vous prend votre paquet, et l'on vous prie de le suivre jusqu'au comptoir général, où est le seul caissier chargé de la recette de l'établissement. Pour vous distraire, vous pouvez encore vous amuser à compter les becs de gaz qui jalonnent la route, depuis le comptoir des percales jusqu'au caissier de l'établissement. En sortant enfin du magasin, vous avez votre robe sous le bras et une migraine dans la tête, mais vous avez la satisfaction de dire à vos connaissances : « Je me suis procuré cela dans un magasin-monstre. »

La simple reproduction de cet article montre mieux que tout ce que nous pourrions dire le chemin parcouru depuis 1844. Qu'est-ce aujourd'hui qu'une centaine de commis pour des maisons comme le *Bon Marché*, le *Louvre* ou le *Printemps* ! De la *Ville de Paris*, il ne reste pas trace, non plus que tant d'autres magasins qui ont été dévorés après une effroyable lutte, par leurs concurrents triomphants. Combien y en a-t-il dont le nom même ne dit plus rien aux Parisiens :

LE COIN DE RUE. — LES VILLES DE FRANCE. — LE PAUVRE DIABLE. — LES DEUX MAGOTS. — LE GRAND COLBERT. — LE GRAND CONDÉ. — LE GRAND SAINT-LOUIS. — LA VILLE DE LYON. — LA TENTATION. — AU ROULE. — L'ÉTOILE DU NORD. — LE PROPHÈTE.

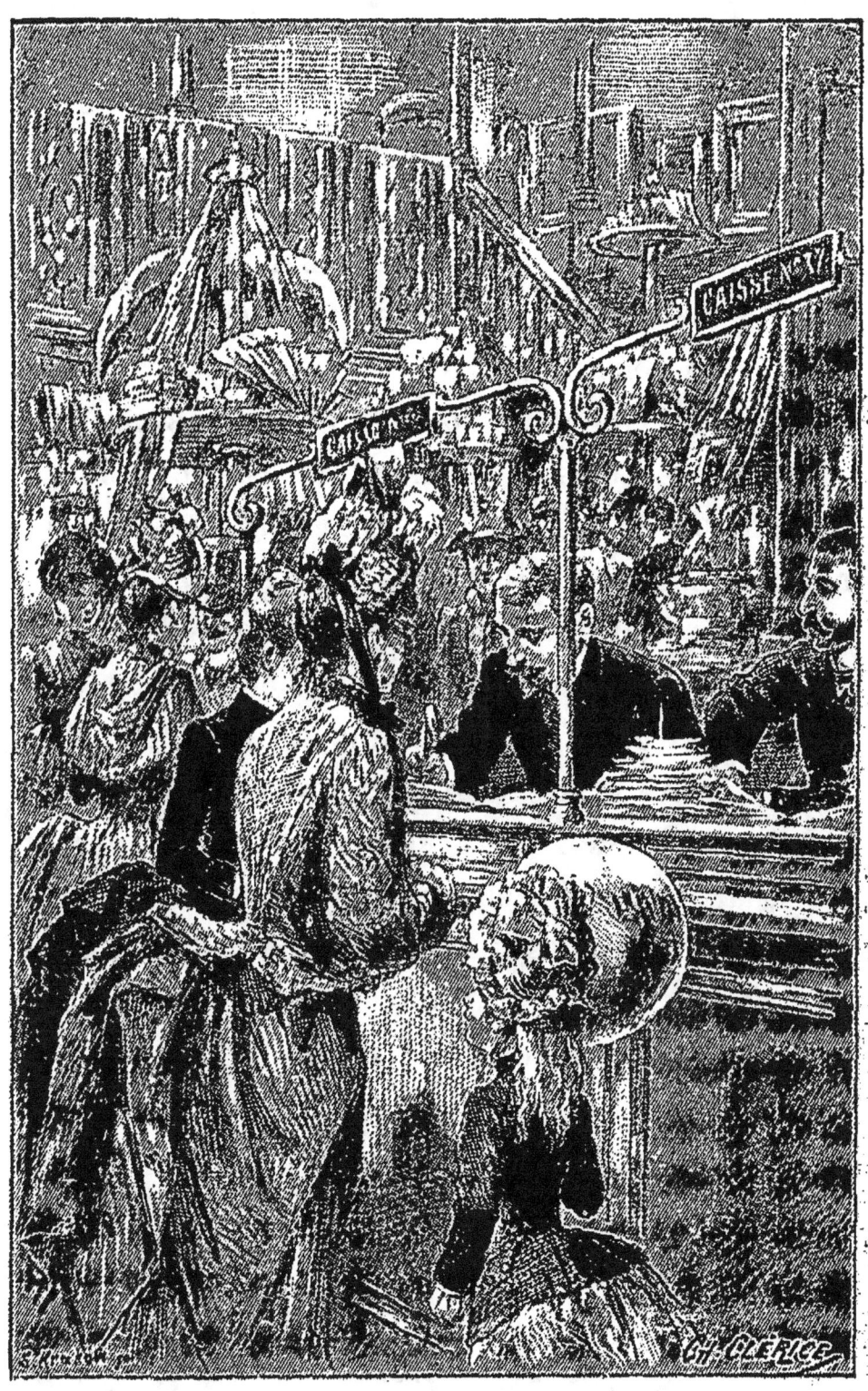

UN GRAND MAGASIN (p. 156).

— LES STATUES SAINT-JACQUES. — AU GRAND MONGE. — LE VAMPIRE. — LE CARREFOUR DROUOT. — LE SIÈGE DE CORINTHE. — LES DAMES FRANÇAISES. — LE PRINCE EUGÈNE. — LA MAISON MODÈLE. — AU GRAND SAINT LOUIS. — LES FABRIQUES DU NORD. — A L'ÉLYSÉE. — A MÉNILMONTANT. — LE GRAND SAINT-GEORGES. — LA DAME BLANCHE. — NOTRE-DAME DE LORETTE. — AU GRAND LAFAYETTE. — LE DRAPEAU LIBÉRATEUR. — LE PERSAN. — LA PAIX. — LA CAPITALE. — LE GRAND MARCHÉ PARISIEN, etc., etc.

Tous se sont entre-dévorés. Le *Coin de Rue* et le *Pauvre Diable* ont les premiers engagé la lutte. Ce sont eux qui ont imaginé le prix marqué en chiffres connus sur les marchandises. C'était à qui baisserait le sien pour ennuyer son concurrent. De quart d'heure en quart d'heure, à certains jours de vente, l'estimation tombait. On a constaté 50 pour 100 de diminution de prix, de midi à quatre heures, dans ces deux magasins.

— Moi, disait l'un, je donnerais ma marchandise pour rien plutôt que de céder.

— Si vous faites cela, répondait l'autre, je payerai les gens pour accepter la mienne gratuitement.

— Alors, reprenait le premier, je vous enverrai force clients... afin de vous ruiner plus vite.

N'est-ce pas ce que nous voyons encore aujourd'hui, avec le système des primes offertes aux acheteurs et annoncées à grand renfort d'annonces et de réclames?

Quand on feuillette la collection des journaux du siècle, on trouve que les premières annonces relatives aux magasins de nouveautés remontent à 1829. C'était un avis en quelques lignes que l'administration du *Petit-Saint-Thomas*, des *Deux-Edmond* ou du *Siège de Corinthe* adressait timidement à sa clientèle.

Mes lectrices savent quel progrès a fait depuis cette époque la réclame des magasins de nouveautés. Après avoir accaparé la quatrième page des journaux, ils envahissent maintenant la troisième, et leurs annonces se chiffrent par des milliers de lignes et des millions de francs, répartis de la façon la plus éclectique entre les feuilles des opinions les plus opposées.

Est-il nécessaire de prendre chacun des grands magasins existants pour le classer à son rang et détailler son histoire?

La classification de ces magasins, c'est au public à la faire lui-même, suivant son goût et son expérience. Tout ce que nous pouvons dire, c'est que parmi les magasins de second ordre, beaucoup

sont destinés à disparaître, emportés par la concurrence, principalement ceux qui ne se sont pas
voués à une spécialité telle que le blanc, l'ameublement, la confection pour enfants, etc., et qui ne
vivent que d'un casuel, de plus en plus aléatoire,
fourni par les habitants ou les passants du quartier
dans lequel ils sont établis.

Quant à l'histoire des grands magasins, elle est
invariablement la même. C'est celle qu'Émile
Zola a magistralement racontée dans son roman :
« AU BONHEUR DES DAMES ».

XI

A L'APOGÉE

Le champignon. — L'extension du parasite. — Une taie. —
Carafe à mouches. — Les commodités du public. — L'orgueil
du grand magasin. — La machinerie. — Réclame humanitaire.

Le grand magasin, qui occupe aujourd'hui une
immense superficie, n'était originairement qu'une
petite boutique collée au rez-de-chaussée d'un
énorme pâté de maisons, comme un champignon
au pied d'un gros arbre.

Ce qui attirait l'attention du passant sur cette
petite boutique, c'était son savant étalage, avec une
profusion d'articles marqués en chiffres connus, à
des prix réellement tentants. A l'intérieur, on ne
vendait encore que des *nouveautés*, mais on trouvait de tout, et, pour vous éviter d'emporter des
paquets encombrants, on vous offrait de livrer à
domicile. Il y avait à cela une excellente raison,
outre le désir d'obliger le client, c'est que la boutique ne contenait presque que des échantillons ;

en les vendant et en les livrant de suite, le commerçant voyait décroître son assortiment.

Bientôt la boutique grandit. Elle gagne d'abord en hauteur, envahissant les deux ou trois premiers étages de la maison où elle s'est installée ; puis, c'est en largeur ; la première étape, c'est de tourner un angle, de façon à profiler la devanture sur deux rues. Ce n'est plus une boutique, c'est un magasin, où le nombre des employés augmente sans cesse, où tout le bénéfice sert à solder les mémoires des architectes et les réclames de la presse.

A chaque renouvellement des saisons, le grand magasin naissant joue son existence ; comme il n'y en a pas assez à son gré, il les dédouble, afin d'avoir plus souvent occasion de battre la grosse caisse pour attirer le public qui ne sait pas encore le chemin de ses rayons et de ses comptoirs, au milieu desquels il organise périodiquement des expositions.

Enfin, à prix d'argent ou par tout autre moyen, le grand magasin est parvenu à absorber le pâté de maisons entier où il était primitivement accolé. Ses quatre faces s'allongent harmonieusement ; seule, l'une d'elles est déshonorée par une taie ; c'est une obscure boutique qui s'obstine à ne point disparaître ou qui met à cette disparition des condi-

tions tellement exagérées que le grand magasin,
malgré son envie furieuse d'extension définitive,
ne peut longtemps se résigner à y souscrire.

Le grand magasin en est arrivé à son apogée ;
ses prospectus inondent la France ; il couvre Paris
de ses affiches ; il emplit les colonnes des journaux
de ses prix courants. Les jours d'exposition, la
foule se rue au grand magasin. Au fait, comment
y entre-t-on ?

Il semblerait, à voir ses proportions considérables, qu'on ait dû en faciliter l'accès, en ouvrant le
plus de portes possible. Malheureusement, les
portes qui servent à entrer, servent également pour
sortir ; cela ne fait pas l'affaire du grand magasin ;
aussi, en a-t-il réduit le nombre à raison d'une
porte par façade, ce qui doit lui sembler encore
exagéré, car il s'attache autant que possible à diminuer la grandeur réelle et pratique de ses entrées.

On entre au grand magasin, de la même façon
que les mouches pénètrent dans un de ces globes
en verre, percés par le bas, qu'on place sur une
assiette et où les bestioles imprudentes ne tardent
pas à se noyer. Le sucre placé auprès de l'ouverture béante est remplacé par une quantité d'articles à bon marché, qui arrêtent les passants en

groupes compacts. On arrive aisément à fendre ces groupes pour entrer ; mais pour sortir, il est beaucoup plus difficile de se frayer un passage.

Le grand magasin ne tient nullement d'ailleurs à ce que vous sortiez. Il a réuni dans ses murs toutes les attractions qu'il a jugé capables de vous faciliter l'emploi de votre temps. Il y a un salon de lecture où vous pourrez faire votre correspondance et où vous avez la possibilité de donner un rendez-vous. Vous y trouverez un buffet gratuit, où faire goûter vos enfants. Rien que le plaisir de prendre l'ascenseur vous fera visiter quelques rayons de plus et donner quelques commandes nouvelles.

Cette commodité du grand magasin pour ses clients n'est cependant pas complète, et naïvement, vous vous en étonnez. Pourquoi, par exemple, si vous venez acheter des gants, ne trouvez-vous pas les gants de soie et les gants de fil à côté des gants de peau ? C'est tout simplement pour vous donner une excellente occasion de traverser le magasin en long, puis en large, d'en admirer les interminables galeries et d'être arrêté à chaque pas par une tentation violente de quelque objet dont vous n'avez nul besoin.

L'orgueil du grand magasin est de vous montrer le plus possible de lui-même. Pour peu que son aménagement intérieur s'y prête, il fait les honneurs de chez lui avec la plus entière bonne grâce. La clientèle sait qu'à trois heures de l'après-midi un cicérone est mis à sa disposition pour faire, deux heures durant, la visite des coulisses du grand magasin. Nous conseillons fort à nos lecteurs d'entreprendre ce voyage à travers les couloirs et les escaliers de la ruche gigantesque, dans laquelle trois mille hommes et femmes concourent à la même œuvre.

Ils y verront des cuisines gargantuesques, où l'on ne rôtit pas moins de trois cents côtelettes à la fois, où les marmites ne peuvent être soulevées autrement qu'au moyen d'un treuil et renferment des mètres cubes d'épinards, de purées et de ragoûts, des offices dans lesquels on lave 24.000 assiettes par jour, où l'on distribue, par jour également, 3.500 litres de vin.

N'ayez nulle crainte de rien oublier. Votre obligeant cicérone, homme très vénérable, digne pendant du père *la Réclame* que tous les habitués du pavé parisien ont connu, pour s'être arrêtés à écouter les boniments qu'il débitait devant la porte de l'*Opinion* ou du panorama Marigny, ne vous fera pas grâce d'un détail. Il y met de la coquetterie et de la galanterie. Par lui, vous saurez ce que le grand magasin mesure en long, en large, en hauteur.

Il vous fera pénétrer partout où cela sera matériellement possible, se résignant avec peine à ne point vous guider dans les parties de l'édifice où les nécessités du service ne permettent pas l'encombrement. C'est qu'en effet vous n'aurez pas tout vu ; et croyez bien qu'il en coûtera beaucoup au grand magasin de ne pas vous faire parcourir les immenses sous-sols, qui sont les coulisses où s'équipe la féerie des étages supérieurs.

Des services multiples y sont installés. Dans ce coin, un ronflement sourd et continu vous avertit qu'il y a des machines en marche. A voir ces monstrueuses chaudières, ces volants gigantesques qui tournent presque silencieusement pour répandre à flots la lumière électrique dans le grand magasin, on se demande si réellement on ne rêve pas. Toute cette machinerie prodigieuse fait penser à l'entrepont d'un navire de haut rang, beaucoup plus qu'au sous-sol d'un magasin, si grand qu'il soit.

Au reste, croyez bien que si le grand magasin n'a pas été aménagé spécialement pour cette exhibition, il ne témoignera pas un égal empressement à vous montrer ses dessous et à vous initier à sa vie intérieure.

Prenons pour exemple les voitures, que le grand magasin aligne devant sa porte avec ostentation et qui sont destinées à porter son nom et son renom dans tous les quartiers de Paris, en même temps qu'elles distribueront les paquets de la clientèle. Le grand magasin a des écuries splendides pour cent cinquante chevaux, si leur situation dans Paris permet au public de les visiter. Dans le cas contraire, jugeant inutile de faire les frais d'une installation que le public ignorera, il s'en remet à la Compagnie générale des omnibus du soin d'atteler ses voitures.

Le grand magasin déteste cordialement son concurrent; à l'en croire, c'est lui qui est le plus vaste du monde, et, pour le prouver, il ne parle jamais que d'agrandissements. Il est profondément égoïste, en dépit de son organisation intérieure que nous détaillerons et dont le seul but est de le faire fonctionner, comme une machine, à haute pression.

S'il est généreux par boutades, c'est que la philanthropie de son voisin l'horripile. Il voit dans cette philanthropie la plus excellente des réclames. Plus grand est le nombre des journaux qui s'intéressent à une infortune et publient les listes de souscription, et plus sa charité se manifeste avec éclat. En un mot, il ne fait rien pour rien. Quand il donne, c'est pour qu'on le sache.

Au surplus, faut-il lui en faire un reproche? Le grand magasin n'est pas une individualité ayant une âme, c'est une collectivité avec un conseil d'administration pour cerveau. Son organisation ne laisse nulle place à la question de sentiment; tout y est passé au crible de l'intérêt.

XII

ROUAGES D'UNE MACHINE

Les calicots. — *Le Combat des Montagnes.* — Le rêve du bisto. — Guelte et fruge. — Le chef de rayon et l'intéressé. — Gendarmes et pompiers. — Fonctionnement des cuisines. — Les débitrices. — Services des voitures. — Les sept péchés capitaux.

Le grand magasin, qui a occasionné tant de perturbations, n'a pas opéré une aussi grande transformation qu'il semblerait tout d'abord dans le personnel de la nouveauté. Le commis est bien devenu un employé, mais en grattant bien cet employé, on retrouve le *calicot* d'antan.

Cette expression de calicot remonte à 1847. Les commis de nouveautés, qui ont toujours affecté des allures propres à attirer sur eux l'attention, portaient à cette époque un singulier costume : bottes ornées d'éperons, pantalon blanc tombant sur la botte, gilet de piqué jaune, habit *chicorée à la crème*, suivant l'expression des tailleurs du temps, c'est-à-dire vert mélangé de blanc. Ils se donnaient en un mot une tournure martiale qui était fort goûtée, car, en 1817, bien qu'on fût en plein régime des Bourbons, la mode était à tout ce qui rappelait les guerres héroïques du premier Empire. Tandis que les commis de nouveautés affichaient ces airs ridicules, le public s'égayait d'une lutte homérique entreprise par deux magasins de Paris concurrents.

Dupin et Scribe écrivaient alors sous le titre: le *Combat des Montagnes* ou la *Folie Beaujon*, un vaudeville représenté au théâtre des Variétés, dans lequel les auteurs mirent en scène, sous le nom de M. Calicot, le type du commis de nouveautés.

Il faut avouer que cette pièce était très mordante, pour ne pas dire très méchante à l'égard des jeunes gens qui exerçaient cette profession. Un des personnages demandait à M. Calicot:

— Êtes-vous militaire?

— Non, je suis marchand de nouveautés au *Mont-Ida.*

— Excusez-moi, reprenait le questionneur, à voir cette cravate noire, ces éperons et surtout ces moustaches... je vous prenais pour un brave.

Cette appréciation ne démontait pas M. Calicot, qui, sur ces entrefaites, se mettait à chanter ce couplet devenu célèbre.

Oui. de tous ceux que je gouverne
C'est l'uniforme, et l'on pourrait enfin
Se croire dans une caserne
En entrant dans mon magasin ;
Mais ces fiers enfants de Bellone
Dont les moustaches vous font peur,
Ont un comptoir pour champ d'honneur
Et pour arme une demi-aune.

On ne s'étonnera point d'apprendre que dès la première représentation, tous les commis de nouveautés s'insurgèrent contre ce vaudeville narquois. On sifla, on se battit, on fut obligé de placer un grenadier, le fusil chargé, de chaque côté de la scène, pour empêcher qu'elle fût envahie.

Le gouvernement, qui n'était pas fâché de voir railler les frondeurs, prêta main-forte aux vaudevillistes. Chaque soir, on opérait l'arrestation de quelques perturbateurs.

— Ne faites pas attention, disait Brunet, l'un des comédiens, ce sont les calicots qu'on emballe.

Le *Combat des Montagnes* put ainsi être joué plus de soixante fois ; malgré les tempêtes qui éclatèrent dans la salle, jamais les mécontents ne purent faire tomber le rideau. Potier, qui jouait dans la pièce le rôle de Lantimèche, lançait au public cette grosse plaisanterie, quand les sifflets l'interrompaient :

— Le calicot a beau monter... ça ne fera pas baisser la toile.

Aujourd'hui, il est peu probable qu'un vaudevilliste et qu'un directeur de théâtre courraient le risque de soulever la colère de la puissante corporation des commis de nouveautés, confondus aujourd'hui dans la famille des employés de commerce.

Entrer dans le grand magasin est le rêve de tout commis placé dans les magasins de second ordre. C'est ce qui irrite ces derniers de dresser perpétuellement des employés qui, après un stage plus ou moins long chez eux, pendant lequel ils ont acquis une expérience suffisante, les quittent pour aller s'enrôler chez leur terrible concurrent.

Le grand magasin n'a pas le temps de former des apprentis. Il faut entrer chez lui armé de pied en cap. Point n'est besoin d'avoir des aptitudes commerciales hors ligne ; ce qu'il faut, c'est être rompu à la vente et posséder le bagout nécessaire à l'exercice de la profession.

Quels merveilleux projets d'avenir ne forme-t-il pas, ce commis de nouveautés, qui bat la semelle devant le déballage du magasin où il fait ses premières armes, et à qui le grand magasin a fait promesse de le compter un jour parmi ses élus. Ressassant toutes les légendes qu'il a entendu raconter, le *bisto*, le *ruffion* ou *l'attrape-science* se voit déjà chef de rayon ou intéressé. Pourquoi pas ?

Il a en effet le droit d'en avoir l'espérance, en songeant à la façon dont est agencé le mécanisme intérieur du grand magasin. Au premier abord, on pense que son système est celui de la coopération, c'est-à-dire est basé sur l'intérêt que chacun porte à l'œuvre de tous ; en réfléchissant mieux, on se persuade bien vite que le ressort de toute la machine n'est que l'individualisme le plus complet.

Le commis, qui entre dans le grand magasin, n'est pas intéressé dans les bénéfices de la maison ; il a bien droit à un tant pour cent, mais sur le chiffre d'affaires qu'il fait personnellement. Il agit comme un placier ; la remise qui lui est faite, peut même varier, elle devient plus forte s'il réussit à écouler un article démodé ou défraîchi et s'appelle la *guelte* ou la *fruge* ; dans certains cas, la remise est tout à fait exceptionnelle et prend le nom de *frugemar*.

Divisés par comptoirs, qui n'ont entre eux aucun lien commun, les commis se désignent par le nom de la marchandise qu'ils débitent. Celui qui vend la soie, s'appelle le soyeux ; celui qui vend de la bonneterie est un bonnetier et ainsi de suite : il y a

10.

l'ombrellier au comptoir des parapluies, cannes et ombrelles, le toilier au rayon du blanc, etc.

La vente a lieu sous la direction du chef de rayon et de ses seconds, qui, eux, sont intéressés sur l'ensemble des affaires faites par le comptoir qu'ils dirigent. Le chef de ce comptoir est en outre l'acheteur du magasin pour la spécialité qui lui est échue. Son intérêt est d'acheter et de revendre au plus bas prix possible, afin de produire un gros chiffre de vente.

Le chef de rayon est par excellence l'homme du bon marché. Volontiers il réduirait au strict minimum le bénéfice de la maison si celle-ci n'était défendue dans la personne de ses administrateurs. Le génie du grand magasin éclate plus spécialement dans cet antagonisme d'intérêts, dont les tiraillements tournent à sa plus grande prospérité.

Si l'intérêt du chef de rayon est de vendre au plus bas prix, celui de l'administrateur tout au contraire est de vendre le plus cher possible, parce qu'étant intéressé sur les bénéfices réalisés par la maison, il a le désir naturel de les accroître dans la plus forte proportion. Or, il faut, pour qu'un prix de vente soit décidé, qu'administrateurs et chefs de rayon arrivent à se mettre d'accord.

Chaque administrateur a la direction générale d'un certain nombre de rayons.

La réunion de ces administrateurs, au nombre d'une quinzaine, forme le Conseil d'administration, divisé lui-même en commissions diverses, ayant chacune leurs attributions : l'une s'occupe de la publicité, l'autre du personnel, la troisième du bâtiment, une autre encore arrête les dispositions à prendre le jour des grandes expositions, pour stupéfier l'œil des acheteurs par des trouvailles de décoration professionnelle.

Revenons-en aux employés, et, ouvrant leur règlement général, faisons-y quelques extraits. A certain chapitre, nous lisons :

La convenance la plus stricte est rigoureusement prescrite en toute circonstance, et toute négligence de tenue ou de langage serait aussitôt réprimée.

Pour donner à cet article la sanction nécessaire, le grand magasin a ses gendarmes, — ces inspecteurs à redingote noire et à cravate blanche qui montent la garde aux portes du magasin, quand leur service ne leur commande pas d'en arpenter les longues galeries. Il a de même ses pompiers, qui visitent sans relâche le bâtiment depuis les sous-sols jusqu'aux combles, pour prévenir tout danger d'incendie.

De huit heures du matin à huit heures du soir,
le grand magasin est un phalanstère de l'enceinte
duquel nul employé ne peut sortir, si son service
ne l'appelle pas au dehors. Pour éviter toute perte
de temps et maintenir la régularité du service, le
grand magasin nourrit ses employés. Les repas
ont lieu par fournées, de façon à ne pas dégarnir
trop sensiblement les comptoirs de leur personnel. Les heures des repas sont fixées ainsi qu'il
suit :

Déjeuners : première table, à 9 heures 30 ;
deuxième table, à 10 heures 30 ; troisième table, à
11 heures 30.

Dîners : première table à 5 heures ; deuxième
table, à 6 heures ; troisième table, à 7 heures.

Chaque fournée comprend plusieurs centaines
d'employés ; comme il serait beaucoup trop long
de servir chacun des convives, le grand magasin a
simplifié d'une façon très curieuse le service des
cuisines. Lorsque la sonnerie a retenti pour an-
noncer l'heure du repas, tous les employés d'une
même fournée montent ou descendent aux cuisines, suivant l'endroit où elles sont installées. Ils
se placent à la queue leu-leu, et consultent une
ardoise sur laquelle *le chef* a inscrit le menu du
jour ; puis ils défilent à tour de rôle devant une

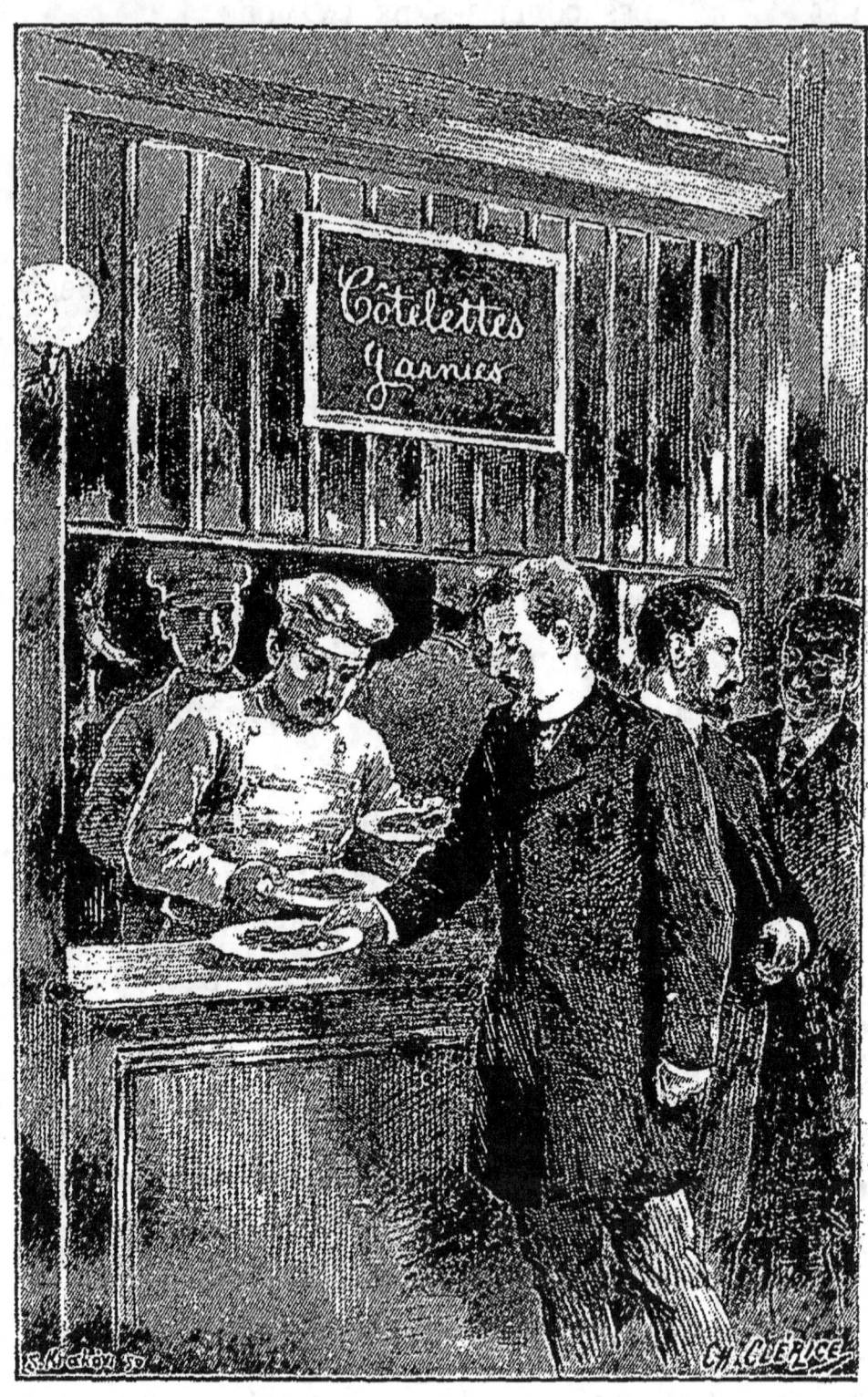

LE DÉJEUNER DU PERSONNEL DES GRANDS MAGASINS
(p. 176).

série de viande dont ils ont fait choix, ensuite un plat de légumes et finalement une demi-bouteille de vin ; le dessert seul leur est délivré dans la salle à manger.

A vrai dire, celle-ci n'est qu'un vaste réfectoire. Le grand magasin qui fait profession de galanterie envers les femmes a, sans doute pour cette raison, traité ses vendeuses beaucoup mieux que ses commis. *Ces dames*, comme elles sont appelées, ont le privilège de déjeuner dans une véritable salle à manger, dont l'aménagement a un air de table d'hôte.

Outre ses vendeurs et ses vendeuses, le grand magasin compte un nombreux personnel peu connu du public ; comptables et employés d'administration, manœuvres et ouvrières.

Au premier rang de ces dernières, il faut noter les débitrices, chargés d'accélérer la vente en s'occupant exclusivement de conduire les clients à la caisse. Leur origine vient de ce que le grand magasin avait autrefois l'habitude de mettre sur pied pour la vente tout son personnel aux jours d'expositions. Pour utiliser les couturières, les modistes et autres ouvrières, on les improvisait débitrices dans le but de ménager le temps des employés et afin de servir un plus grand nombre de clients; le lendemain, elles rentraient à l'atelier. Ayant reconnu que ce système avait du bon, le grand magasin créa un corps spécial de débitrices. Elles aussi ont leur tant pour cent, basé sur le nombre de clients qu'elles conduisent à la caisse, comme l'employé de l'administration a sa remise pour les notes qu'il vérifie ou les erreurs qu'il trouve, comme le manœuvre voit son bénéfice grossir suivant la quantité de paquets qu'il ficelle, le total des recouvrements qu'il effectue, ou le nombre des caisses qu'il cloue.

Tout est donc merveilleusement simple dans l'organisation et le fonctionnement du grand magasin, depuis l'heure où le magasin s'ouvre, jusqu'à celle où il se ferme, depuis le moment où la marchandise y rentre jusqu'à celui où elle en sort. Tout est réglé si mathématiquement, qu'il ne semble pas qu'il y ait place pour l'imprévu. Prenons-en pour exemple l'ordre quotidien du service des voitures, dont les départs sont fixés ainsi qu'il suit :

6 h. du matin. *Service des cuisines.* Départ du fourgon allant aux approvisionnements.

8 h. du matin. *Service des expéditions*, 1er départ. Voitures de charge allant aux chemins de fer et aux messageries.

8 h. 30 du matin. *Service des livraisons à domicile*, 1er départ. Voiture desservant les hôtels.

8 h. 30 du matin. *Service des livraisons à domicile*, 2e départ. Voitures desservant la banlieue.

9 h. du matin. *Service des livraisons à domicile*, 3e départ. Voitures de factage desservant tous les quartiers de Paris.

9 h. 30 du matin. *Service des livraisons à domicile*, 4e départ. Fourgons transportant les tapis, literies et ameublements.

Midi. *Service des expéditions*, 2e départ. Envois pour l'étranger.

2 h. 30 du soir. *Service des expéditions*, 3e départ. Voiture transportant les échantillons et paquets à remettre à la poste.

3 h. du soir. *Service des livraisons à domicile*, 5e départ. Fourgons transportant les tapis, literies et ameublements.

4 h. du soir. *Service des expéditions*, 4e départ. Envois pour la Hollande et les pays du Nord passant par Cologne,

5 h. du soir. *Service des livraisons à domicile*, 6e départ. Voitures de factage desservant tous les quartiers de Paris.

5 h. du soir. *Service des expéditions*, 5e départ. Voitures chargées des colis à remettre aux gares des chemins de fer.

En examinant les divers autres services accessoires du grand magasin, nous retrouverions la même ponctualité. Comme ce serait nous écarter inutilement de notre sujet, nous estimons en avoir assez dit pour faire comprendre la façon dont la machine fonctionne. En présence d'une telle perfection de rouages, on ne peut s'empêcher de regretter que l'énorme édifice se dresse dans Paris comme le temple élevé aux pires des sept péchés capitaux.

XIII

LE SYSTÈME COMMERCIAL

Les branches d'un même arbre.— Le Temple et ses anciens carrés.
— Le vieux et le neuf. — Encore les rubans à picots. — Le
grand magasin et ses fournisseurs. — La vente à bon marché. —
Les expositions. — Les vanneaux. — Le revers de la médaille. —

Nous venons de détailler l'administration du grand magasin, pénétrons maintenant son système commercial.

Qu'on nous permette de comparer le grand magasin à un arbre, dont le tronc représente les services communs qui relient entre eux les comptoirs et les rayons, fonctionnant d'une façon autonome, mais ayant cependant besoin d'être greffés sur un centre administratif, qui assure le fonctionnement de la comptabilité, de l'expédition, en même temps que de l'alimentation, de la sécurité et de la surveillance du personnel.

Les branches peuvent varier de taille, les comptoirs ont de même un développement plus ou moins grand, un chiffre d'affaires plus ou moins

11

élevé. Des bourgeons viennent à pousser, ce sont de nouveaux rayons qui se créent et qui prendront plus ou moins de croissance par la suite.

A vrai dire, cette idée commerciale, qui fractionne un tout en une grande quantité de molécules indépendantes les unes des autres, n'est pas nouvelle. A ce point de vue, le premier magasin de nouveautés fut le *Temple*, non pas seulement celui de nos jours, mais celui de 1812 avec ses quatre carrés du Palais-Royal, du pavillon de Flore, du Pou-Volant et de la Forêt-Noire.

Chacun de ces carrés avait sa spécialité de vente. Au Palais-Royal, on trouvait surtout les objets de de luxe, les rubans, les chapeaux, le velours, la soie et le satin. Au pavillon de Flore, on vendait la literie et la lingerie. La Forêt-Noire fournissait les bottes, les chaussures, les bottines, et tout ce qui avait trait aux vêtements d'hommes. Le Pou-Volant n'était que le rendez-vous de la ferraille et du brocantage.

Quand le nouveau marché du Temple a été créé, en 1865, cette division a été encore perfectionnée. On y a trouvé longtemps des rangées entières affectées spécialement à tels ou tels articles.

Le Temple a joui autrefois d'une grande vogue dont les magasins de nouveautés ont hérité. C'est une erreur très répandue qui a fait croire qu'on ne trouvait dans ce marché que des objets d'occasion, défraîchis, ayant déjà passé entre les mains d'un certain nombre de propriétaires. On a en effet confondu le carreau du Temple, alimenté par les brocanteurs et les marchands d'habits avec le marché du Temple, formé par la réunion de boutiques groupées par spécialités et constituant de véritables rayons de vente.

Certes, on a toujours vendu de l'occasion au Temple, mais aussi on y a toujours vendu du neuf dans une très grande proportion. Nous connaissons des marchandes d'une entière bonne foi, qui s'étant succédé de mère en fille depuis un siècle dans ce marché, ne se souviennent pas avoir vendu elles-mêmes ou avoir vu vendre par leurs grand'-mères un article qui ne fût pas neuf.

Les marchands du Temple se procuraient autrefois ces articles neufs en faisant le solde des négociants de la rue du Sentier. Le grand magasin n'agit pas autrement aujourd'hui, dans beaucoup de cas ; seulement, ce qu'il solde, ce sont les produits de la grande fabrication. Quant à créer un article nouveau, d'une vente incertaine, il n'y songe point.

Reprenons pour exemple ces rubans à picots,

dont nous avons déjà parlé dans un chapitre précédent. Pendant la première saison où la grande
mode s'en est emparée, ils étaient introuvables
dans les grands magasins. A la saison suivante, on
les y voit en profusion, alors que la grande mode
les a remplacés par un ruban d'un autre genre de
fabrication. C'est que, dans l'intervalle des saisons, le grand magasin a obtenu du fabricant des
rabais importants, que celui-ci consent à faire
parce qu'il sait que son article n'a plus d'autre
clientèle possible que celle des grands magasins.

De même, voici une étoffe très riche qui, primitivement, se fabrique de façon à valoir trente ou
quarante francs le mètre ; quand la vogue de cette
étoffe s'est épuisée chez les couturiers, le grand
magasin commande le même article au même
fabricant.

Les clientes seront très étonnées de trouver
ensuite cette étoffe au grand magasin à 15 francs
le mètre tout au plus. L'apparence seule sera la
même, mais la matière première employée dans
cette seconde fabrication ne pourra pas entrer en
comparaison avec celle du produit original.

L'approvisionnement des grands magasins est
très recherché par les fabricants. Toutefois mal-
heur à ceux qui vivent exclusivement de cette

clientèle : ils courent grand. risque d'être écrasés un jour impitoyablement.

Un chef de rayon leur a fait une commande pour un prix débattu. La marchandise livrée, on ne l'accepte qu'en maugréant ; le prétexte est qu'elle n'est pas tout à fait conforme au type adopté, que la fabrication en est peu soignée ; bref le chef de rayon exige une importante réduction.

Le petit fabricant qui voit ainsi s'en aller tout son bénéfice, qui aura travaillé pendant une partie de l'année en pure perte, se débat, se récrie, essaye de résister à de telles exigences.

— Comme vous voudrez, riposte le chef de rayon, on vous payera le prix convenu, seulement je dois vous déclarer qu'à l'avenir nous aurons soin de nous passer de vos services.

Alors, le petit fabricant cède pour ne pas perdre la clientèle du grand magasin. Ce qui n'empêchera pas que, un an ou deux après, celle-ci ne vienne à lui manquer brusquement parce que tel sera l'intérêt ou le bon plaisir de l'omnipotent chef de rayon.

Et l'ouvrière, qui, à force de goût et de travail, a créé un modèle original qui plaît à la première chargée de tel ou tel service, n'est-elle pas en droit d'espérer que cette création lui permettra de passer au moins une saison? Non, son modèle lui sera simplement acheté à un prix fort et donné à des entrepreneurs amis de la maison, qui en tireront tout le bénéfice possible, tandis que la créatrice devra reprendre son aiguille pour chercher autre chose de nature à plaire au grand magasin.

Ce que recherche celui-ci, c'est le bon marché, avons-nous dit; en effet le bon marché seul peut permettre à l'énorme machine de fonctionner, puisqu'elle s'arrêterait net sans un renouvellement perpétuel des marchandises et un roulement rapide et constant du fonds social. Le même argent passe dix fois par an, sous toutes les formes, dans les rayons du grand magasin en produisant au bout d'une année un chiffre d'affaires d'une centaine de millions.

Pour forcer la vente, il faut, à certaines époques, donner un coup de collier. Le grand magasin organise alors, à grand renfort d'annonces, des expositions périodiques, dont voici la succession:

En janvier, mise en vente du blanc, des toiles et de la lingerie;

En février, apparition des gants et des dentelles;

En mars, ouverture de la saison d'été par une exposition de tissus;

En avril, le grand magasin offre à sa clientèle les costumes de la saison ;

En mai, cette vente continue, mais on y joint celle des articles de voyage ;

En juin, c'est la fin de la saison d'été, on opère le solde des marchandises par une baisse de prix sur les articles invendus ;

Les mois de juillet et d'août sont des mois de repos ; la clientèle voyage ; on essayerait en pure perte de forcer son attention ;

En septembre, lorsque les Parisiens rentrent chez eux, venant des eaux, de la mer ou des montagnes, le grand magasin organise pour eux une exposition de tapis et objets d'ameublement ; chacun prépare son *home* pour passer l'hiver de la façon la plus confortable ;

En octobre, ouverture de la saison d'hiver par une autre exposition de tissus ;

En novembre, apparition des confections et des manteaux d'hiver ;

En décembre, soldes de la saison d'hiver et mise en vente des étrennes.

Le grand magasin cherche toujours à attirer la foule par des occasions extraordinaires à ses diverses expositions. Il offre en effet des articles à un prix invraisemblable. C'est la façon d'opérer du camelot qui, dans une foire de province, met sa vente en train au moyen de *vanneaux*. Les vanneaux sont des articles sacrifiés, offerts en vente non seulement au-dessous de leur valeur réelle, mais encore au-dessous du prix qu'ils ont coûté au vendeur.

Jamais le camelot ne donne plus de trois vanneaux à la fois. La marchandise est enlevée que vingt personnes en demandent encore.

— Ah! il n'y en a plus, fait le camelot; passons à un autre article.

Certains grands magasins de nouveautés agissent exactement comme le camelot. Ils mettent en vente, par exemple, au prix coûtant, de la belle soie que l'on s'arrache le jour d'une exposition. A vrai dire même, ils la vendent à perte, puisqu'ils ne tiennent pas compte de leurs frais généraux, qui sont considérables.

Toutes les femmes qui en ont acheté le jour de la vente ne manquent pas de faire valoir leur acquisition à leurs amies et connaissances qui, elles, prennent leur temps pour faire leurs achats et redoutent la cohue des jours d'exposition. Quand elles se présentent à leur tour pour avoir cette soie à si bon marché, un commis leur répond:

— Madame, nous n'en avons plus, c'était un

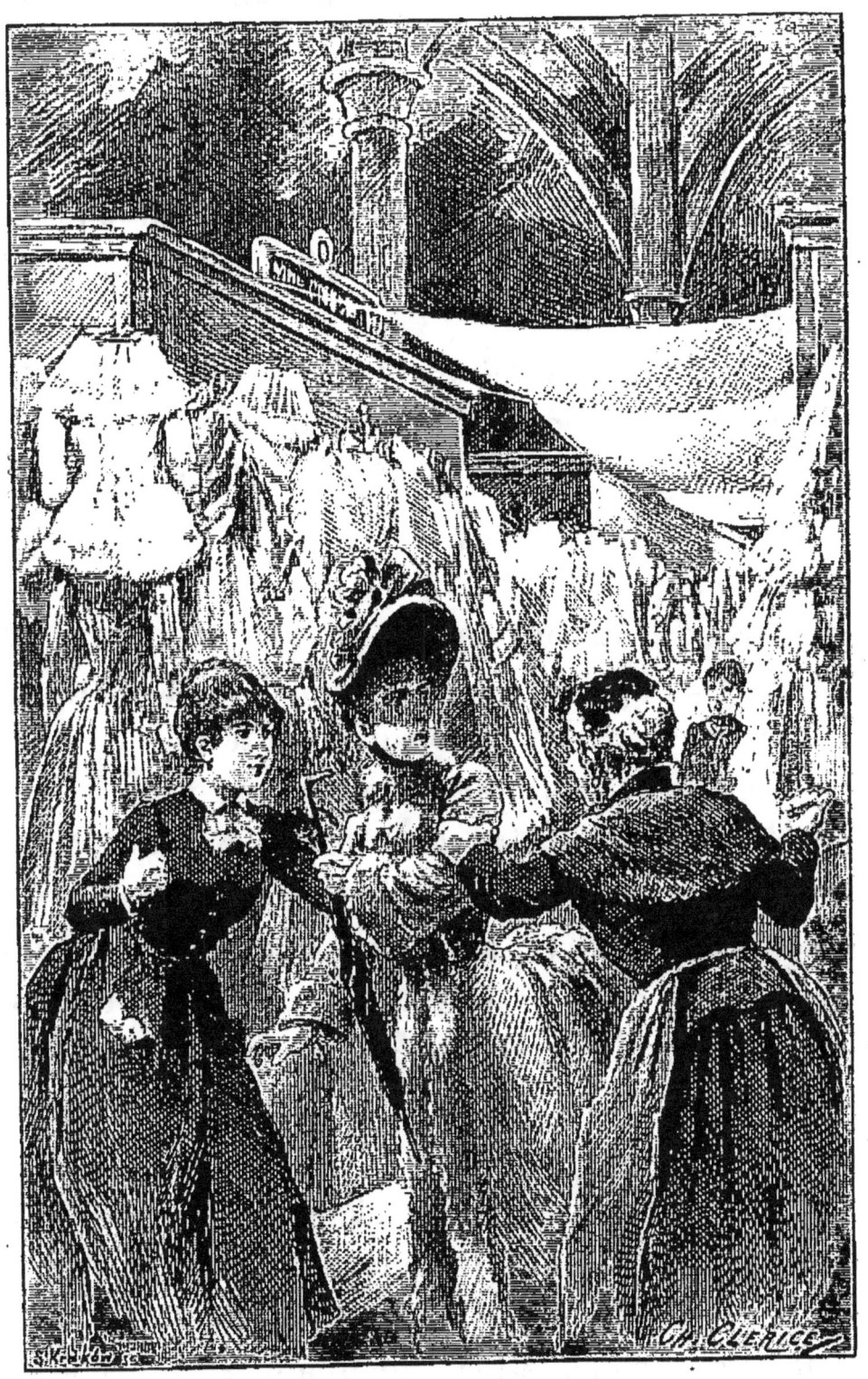

UNE ALLÉE DU TEMPLE (p. 183).

article d'exposition ; mais nous avons une autre affaire pour le moins aussi avantageuse. Si vous voulez mettre 90 centimes de plus par mètre, vous aurez un tissu beaucoup plus riche et beaucoup plus solide.

Or, cette soie vendue plus cher, quelques jours après, est exactement la même que celle qui a été livrée, le jour de l'exposition, afin d'amorcer la clientèle féminine.

Celle-ci se rue vers ses rayons pour bénéficier d'occasions extraordinaires, mais le grand magasin s'arrange toujours pour lui faire payer cher, sur un autre article, la concession qu'il a faite à sa cupidité.

Nous avons critiqué le grand magasin, il est également juste de le louer. Peu à peu, pour créer le bon marché, il a supprimé tous les intermédiaires coûteux et inutiles, ne servant qu'à majorer d'une façon parfois excessive le prix de revient des marchandises. Si le grand magasin a produit des ruines commerciales, il a engendré des fortunes industrielles.

Il a introduit le bien-être dans une quantité considérable de ménages, mais aussi il a placé le faux luxe à la portée des plus petites bourses, et en spéculant sur la coquetterie des femmes, il a engendré leur démoralisation.

11.

XIV

LA FEMME

J.-B. Say dit dans son traité d'économie politique: « La mode a le privilège d'user les choses avant qu'elles aient perdu leur fraîcheur; elle multiplie les consommations et condamne ce qui est encore excellent, commode et joli à n'être plus bon à rien. Ainsi la rapide succession des modes appauvrit un État de ce qu'elle consomme et de ce qu'elle ne consomme pas. »

De son côté, Henry Fouquier écrivait ceci dans une de ses chroniques:

« Il n'y a pas besoin d'être grand clerc en économie politique pour savoir que les dépenses les plus futiles en apparence sont les plus utiles socialement, car elles convertissent l'épargne en argent flottant, qui passe de mains en mains, chacun en gardant un peu au bout des doigts. Pendant que vous complimentez une jolie femme sur sa toilette, il y a un pauvre ménage dans une mansarde qui dîne mieux que la veille. Et c'est la haute moralité du luxe et son charme que l'utilité s'y mêle toujours. »

Ecoutons maintenant le procureur général Dupin parlant, en 1865, devant le Sénat, du luxe effréné des femmes : « Quand on va ou qu'on doit aller à une fête, qu'on veut y faire quelque figure et qu'on n'a pas de quoi, l'amour-propre l'emporte, on répugne à le dire au mari, la caisse conjugale est vide ; on s'habille à crédit, on signe des billets, des lettres de change, pour lesquelles on cherche les endosseurs, et dont l'échéance est toujours fatale à la vertu. »

Tous trois ont également raison. Si la mode, augmentée par les soins du grand magasin, de la tentation perpétuelle d'objets inutiles, est loin de ruiner l'État, elle appauvrit cependant la famille. D'autre part, l'opinion du procureur général Dupin n'a rien perdu de son actualité et de sa force envers la clientèle féminine, bien que le grand magasin ne fasse pas crédit et ne se paye point en lettres de change.

D'abord pourquoi la femme se rend-elle au grand

magasin? Les unes y vont sur la foi des prospectus promettant des occasions invraisemblables; d'autres pour un achat urgent et bien déterminé ; d'autres encore pour tuer le temps ; d'autres enfin dans un but caché.

Pour toutes, le grand magasin est une vaste toile d'araignée dans laquelle se font prendre toutes celles qui n'ont pas la force de se dégager, sans répondre aux muettes incitations des étalages de toutes sortes, des écoulements de marchandises, des expositions les plus merveilleuses.

Il est très curieux d'entendre les directeurs et les hauts employés du grand magasin se plaindre de la perversion de la femme, dénoncer ses roueries, la traiter avec le plus entier sans-gêne, alors qu'ostensiblement, ils l'enveloppent de leur adulation et font tout ce qui est en leur pouvoir pour aider à cette perversion.

— Vous ne savez, madame, si cet article conviendra à votre mari ? dit insidieusement un employé du grand magasin à une malheureuse femme qui se débat pour ne point acheter un objet de toilette dont elle a une envie folle, prenez-le toujours; vous aurez la faculté de le rendre.

Ce dernier argument achève de la convaincre; elle vide sa bourse et emporte l'objet convoité.

Mais elle ne tardera pas se familiariser avec ce système de rendre les objets, quand ils ont cessé de plaire. Un jour, elle viendra chercher un tapis, en vue d'une soirée quelconque à donner ; un autre jour, elle se fera envoyer un chapeau pour une messe de mariage. Le lendemain de la fête ou de la messe, le grand magasin reprendra ces objets sans sourciller ; à des signes imperceptibles, il reconnaîtra que le tapis a dû servir, puisque l'étiquette a été ôtée puis replacée, ou bien que le chapeau a été porté ; il se contentera de murmurer :

— Est-elle assez canaille !

Cependant, il y a des femmes qui, par tempérament, ne peuvent jamais rendre, de même qu'elles ne peuvent acheter par suite de l'insuffisance de leur budget domestique. Les unes se mettent à voler ; les autres, saisissant un jour un chuchotement qui se fait entendre auprès d'elles dans la cohue du grand magasin, prêtent complaisamment l'oreille ; celles-là prennent un amant.

Le grand magasin, qui surveille si scrupuleusement les voleuses, a les yeux fermés devant les manœuvres amoureuses ou érotiques dont ses galeries sont chaque jour le théâtre. Il va même plus loin, il encourage à sa manière le commerce de la galanterie.

Au dernier jour d'une liaison passagère, une demi-mondaine désirant exploiter jusqu'à la fin un riche étranger n'a qu'à se promener en sa compagnie, à travers les principaux rayons du grand magasin. Elle fait un certain nombre d'achats payés par le Crésus à différentes caisses et dont l'ensemble monte à un total respectable. Le lendemain quand elle rend le tout, pour toucher du bel et bon argent, le grand magasin n'a que des sourires pour elle.

« Achetez et vous serez considérée », telle semble être la devise du grand magasin ; ses employés n'ont aucune considération pour la femme qui prend le temps de la réflexion, c'est une *râleuse*, un *calot*, un *rat mort*.

La moralité n'a rien à démêler avec le commerce. Dès lors, que fait au grand magasin celle de sa clientèle ? Pourquoi même se mettrait-il en peine de celle de son personnel ?

Que demande-t-il aux jeunes filles enrégimentées qu'il fait vivre dans l'atmosphère lourde de ses galeries capitonnées de tapis, de tentures, de marchandises ? Est-ce de rester immaculées au milieu de ce perpétuel coudoiement du masculin ? Non, c'est d'être avenantes avec toutes les clientes qui tirent leur supériorité de leur porte-monnaie,

c'est de rester debout pendant des journées entières, sans avoir le droit de s'asseoir une minute,
sous peine d'un renvoi immédiat ; jamais aucune
prière, ni aucune démarche n'a pu faire renoncer
le grand magasin à cette coutume barbare, qui a
la plus désastreuse influence sur la santé des
femmes qu'il emploie.

En revanche, lorsque la sonnerie se fait entendre
pour assembler le conseil des intéressés, afin de
juger une voleuse prise en flagrant délit, le grand
magasin ne se montre pas toujours aussi impi-
toyable. S'il s'agit d'une personnalité à ménager,
il sait fort bien mettre une sourdine à la réproba-
tion qu'il peut déverser sur la coupable. Au lieu
de la déférer à la police correctionnelle, comme le
voudrait une justice également distributive, il se
borne à taxer la délinquante au profit des pauvres
et à exiger d'elle une confession écrite qui, le cas
échéant, est mise en œuvre par quelques hauts
employés pour s'assurer des complaisances ou
pour fleurir leur boutonnière de quelque ruban
exotique, s'il faut en croire M. Macé, ancien chef
de la sûreté.

Nous n'insisterons pas sur ce vol dans les
grands magasins, c'est un simple vol à l'étalage,
sur lequel nous aurons sans doute à revenir dans

un autre ouvrage, mais simplement au point de vue médical. Legrand du Saulle et le docteur Lassègue ont soutenu une brillante controverse à ce sujet, en 1878, dans une des séances de la Société de médecine légale.

Le grand magasin déprave la femme ou la détraque; la femme le pille outrageusement, tous deux sont quittes.

XV

LE LAPIN

Une campagne intéressée. — Le pot de terre et le pot de fer. —
Où l'on voit le lapin. — Les petits façonniers du Marais. — La
grande usine corollaire du grand magasin. — La grande banque. — La révolution sociale.

Une campagne a été engagée depuis quelques
mois contre les grands magasins de nouveautés.
Ses promoteurs semblent viser un double but.
Détourner le public de son engouement pour les
grands magasins, ce qui est une utopie pure;
réformer l'impôt sur les patentes, ce qui est infiniment plus pratique.

Le fonctionnement de la commission d'enquête
sur la situation du commerce et de l'industrie, en
1884, a permis d'établir que les grands magasins
payaient en moyenne mille francs d'impôt par
chaque million d'affaires, tandis que les commerçants ordinaires payaient la même somme par
chaque centaine de mille francs.

En suivant la campagne ainsi entreprise par le pot de terre contre le pot de fer, j'avais été frappé de l'abstention systématique, pour ne pas dire de l'hostilité des groupes révolutionnaires, à l'égard du mouvement d'opinion qui commençait à se créer. Je résolus d'en avoir le cœur net et j'interrogeai à ce sujet, dès que l'occasion s'en présenta, un des principaux membres du parti ouvrier.

— On dit que la faim fait sortir les loups du bois, me répondit-il, et vous voulez savoir pourquoi nous ne hurlons pas avec les loups... Tenez, lisez ceci...

En même temps, il me tendit un numéro du *Cri du Peuple*, paru le matin même, en tête duquel se trouvait un article adressé au général Boulanger. Sur l'instant, je ne vis pas quel rapport cet article pouvait avoir avec notre conversation.

— Lisez, lisez toujours, reprit mon interlocuteur, et surtout voyez la fin.

La fin de cet article était ainsi conçue :

Car j'ai une théorie bizarre, qui pourra vous déplaire à première vue, mais qui, à la réflexion, a vraiment du bon. Dans les tirs de foire je préfère l'unique lapin de plâtre, qui est la joie et l'honneur de l'établissement, qui est plus facile à jeter bas parce qu'il est plus « conséquent » et plus agréable aussi, parce que la galerie s'enthousiasme davantage, je préfère cette grosse pièce-là aux centaines de misérables petites pipes, difficiles à viser et peu glorieuses à décapiter.

Ils sont au Palais-Bourbon cinq cents glaireux, qui collent aux doigts et seraient le diable à dégélatiner. Tandis qu'un seul homme...

Soyez le lapin, mon général.

SÉVERINE.

— Vous comprenez maintenant ?...

— Cela ne me semble pas encore très clair !

— C'est bien simple. Dans notre parti, nous ne sommes pas ennemis des grands magasins de nouveautés pour deux raisons : la première, c'est que leur organisation commerciale et philanthropique, n'est, à bien prendre, qu'une sorte de communisme étroit, embryonnaire, mais indéniable.

« La seconde raison, c'est celle qui est donnée par cet article. Quand viendra le moment d'une révolution sociale, le grand commerce, la grande banque, la grande industrie, le grand magasin en un mot sera plus facile à jeter bas parce qu'il sera plus *conséquent*, parce que la galerie s'enthousiasmera d'autant plus devant sa confiscation que le grand magasin aura été bâti sur plus de ruines.

« Le grand magasin, voyez-vous, c'est le lapin. »

Mon interlocuteur, très satisfait de cet exorde, plia son journal et le remit dans sa poche. Puis, il continua :

— On vient toujours nous parler des ruines occasionnées par la concurrence du grand magasin, parmi les commerçants et les boutiquiers. Qu'est-ce que cela peut nous faire ? Ces gens-là ne sont pas de notre monde. Oui, je sais, vous me redirez la rengaine, c'est-à-dire que ce sont des enfants du peuple, des ouvriers parvenus, de petits employés enrichis, ruinés après toute une vie de travail. C'est possible, mais ce sont précisément ceux-là qui composent le ban le plus arriéré de la bourgeoisie. Loin d'aimer le peuple, ils le détestent, et n'ont d'autres soucis que de nous barrer la route dans la voie de liberté et d'émancipation que nous suivons.

« Jadis, on était petit employé, on épousait la fille de son patron et on devenait patron à son tour. Ou bien on était ouvrier, et, avec un peu d'argent et d'intelligence, on se faisait marchandeur ou petit façonnier.

« Tenez, autrefois dans le Marais, — je vous parle d'une vingtaine d'années environ à l'époque où j'y habitais, — on n'y voyait que de petits fabricants, pour la plupart des ouvriers, qui, ayant trouvé une application nouvelle ou une idée originale, louaient une chambre dans la rue du Temple ou dans les rues avoisinantes, achetaient un établi et exploitaient cette idée avec l'aide de leur famille ou d'amis, sans grand matériel.

« Leur idée était-elle épuisée? ils s'efforçaient d'en trouver une autre, et ainsi l'article de Paris se créait et acquérait une réputation universelle; ces petits fabricants se comptaient par dix à vingt mille. Il y avait entre eux une émulation qui faisait que, continuellement, des articles nouveaux se produisaient et entretenaient une clientèle qui ne reculait pas devant des installations incomplètes, les nombreux étages à monter, pour alimenter cette fabrication si prisée à l'étranger.

« En s'établissant, les grands magasins ont tué dans beaucoup d'industries, pour l'ouvrier, la fantaisie et l'indépendance. La fantaisie, parce que le grand magasin a surtout besoin d'articles courants, d'une vente certaine, ce qui lui a fait rejeter les nouveautés, qui offrent des risques puisqu'elles peuvent ne pas plaire. Quant à sa liberté, l'ouvrier a été contraint de l'aliéner en partie; il a dû abandonner l'espoir de devenir petit fabricant, car ce que recherche le grand magasin, c'est le bon marché et pour atteindre ce bon marché, il faut de grosses commandes, permettant d'obtenir de forts rabais.

« Le grand magasin a donc eu pour conséquence la grande usine. Plus l'usine est grande, plus un article peut être fabriqué économiquement. Supposons en effet une usine qui ait une machine à vapeur de dix chevaux ; il lui faut un chauffeur ; qu'elle remplace cette machine par une autre de cent chevaux, elle n'aura toujours qu'un chauffeur et économisera les neuf dixièmes de la main-d'œuvre pour le chauffage. En outre, la consommation du charbon ne croît pas proportionnellement à la puissance de la machine. Une machine de cent chevaux, par exemple, ne brûle pas autant de charbon que dix machines de dix chevaux, et il n'y a pas un écart considérable dans la proportion de consommation entre une grande et une petite machine. Il ne faut, enfin, qu'un contremaître pour surveiller une grande comme une petite affaire.

« Vous suivez bien mon raisonnement. Au grand magasin correspond la grande usine ; la grande usine est un produit de la grande banque. Les fortunes individuelles sont absolument insuffisantes aujourd'hui pour procurer l'apport d'installation et les fonds de roulement d'une affaire. Les petits capitalistes préfèrent généralement acquérir des immeubles ou consacrer leurs capitaux à des achats d'actions de chemins de fer, de titres du Crédit foncier, d'obligations de la Ville de Paris, ou de rentes sur l'État qui leur rapportent trois ou quatre pour cent.

« Les gros mangeurs de la finance ne se contentent pas d'un taux aussi maigre, ils portent leurs capitaux dans l'industrie, où ils font suer à leur argent huit et dix pour cent. Ou bien s'ils lancent dans le public les actions d'une grande société industrielle, c'est dans des conditions telles que les frais absorbent à leur profit une grande partie, souvent le quart, quelquefois la moitié, parfois même les trois quarts du capital, de telle sorte que les frais d'émission tuent dans l'œuf l'industrie naissante.

« En semant les ruines autour de lui, le grand magasin obéit logiquement à la loi économique d'après laquelle deux adversaires resteront définitivement en présence : le capital et le travail. Leur compte se réglera dans la grande lutte finale, qui s'appellera la révolution sociale. Pour me résumer, je vous le répète :

« Le grand magasin, c'est le lapin ! »

A quelque temps de là, j'assistais à une séance

du Conseil municipal. On discutait le budget de la Ville de Paris, et voici les paroles que je recueillis :

M. Brousse. — Je disais que si notre collègue avait une théorie socialiste à nous produire, je serais heureux de l'entendre. Il a parlé, et je n'ai pas entendu cette théorie. J'ai déclaré que la majorité des membres de ce Conseil était orientée dans un sens socialiste.

M. Georges Berry. — Pas dans le vôtre !

M. Brousse. — Et j'ajoutais que rien, **dans** le projet de budget qui nous était soumis, ne présentait, malgré cela, un caractère socialiste.

Vous voulez maintenant savoir comment je suis collectiviste ?

Ni M. Berry, ni ses amis, ni personne ne peut arrêter la marche naturelle des choses. La concurrence des entreprises privées aboutit à la victoire des mieux armés. Le monopole se crée au profit de ceux-ci, et alors, pour garantir les intérêts des consommateurs, la société intervient et crée le service public. La généralisation inévitable du service public, n'est-ce pas le collectivisme scientifiquement compris ?

C'est ainsi que doit s'opérer et que s'opérera la socialisation des richesses.

Telle est la théorie de notre socialisme.

XVI

LA CHAUSSURE

Parmi les articles confectionnés que centralisent les grands magasins, la chaussure est un de ceux qui fournissent un chiffre d'affaires élevé. Cela n'empêche pas que, suivant l'estimation de la chambre syndicale, on compte à Paris 1.500 fabricants et plus de 2.000 marchands de chaussures.

C'est un des plus vieux corps d'état parisiens. Dès le xiie siècle, on trouve des vestiges de son organisation. Nous ne ferons pas inutilement l'historique de la corporation. Contentons-nous de dire que la forme définitive de la chaussure en France fut arrêtée au commencement du xviie siècle ; depuis 1640 environ, les principales modifications n'ont porté que sur la façon et l'ornementation.

En 1750, on comptait à Paris 2. 500 maîtres cordonniers. Leur corporation, supprimée en 1676, fut rétablie la même année. Tous les maîtres, quoique pouvant travailler indistinctement aux différents ouvrages de cordonnerie, se divisaient d'eux-mêmes en quatre spécialités : les uns ne s'occupaient que de la chaussure pour hommes, les autres fabriquaient seulement les souliers et les mules de femmes ; quelques-uns ne faisaient que les souliers d'enfants ; d'autres se livraient exclusivement à la confection des bottes et des bottines.

Chaque maître ne pouvait avoir qu'un ouvroir ou une boutique en ville ; il employait autant de compagnons qu'il voulait, ordinairement de 3 à 12, mais il ne pouvait prendre qu'un apprenti à la fois et pour quatre ans au moins.

Outre les maîtres cordonniers, on comptait les *halliers*, les marchands de chaussures d'aujourd'hui, et aussi les *savetiers*, qui formaient une corporation distincte, n'avaient le droit de travailler en neuf que pour leur usage personnel et ne pouvaient renouveler une chaussure que pour les deux tiers. Quant aux ouvriers cordonniers, ils étaient enrôlés dans le compagnonnage de maître Jacques, qui subsiste encore aujourd'hui. Leurs grands concurrents et leurs grands ennemis étaient les membres de la confrérie de Saint-Crépin, frères séculiers tout autant que cordonniers, qui vivaient en commun dans des sortes de monastères et portaient le manteau noir et le rabat de toile blanche des frères actuels de la doctrine chrétienne.

Au milieu du XVIIIe siècle, lorsque vint la mode de porter de hauts talons, noirs à la ville et rouges à la cour, une spécialité nouvelle se créa, certains cordonniers se chargeant particulièrement de tourner les talons en bois, concurremment avec les formiers. On compte aujourd'hui encore 400 ouvriers ayant à Paris cette spécialité. Le talon, ordinairement en bois de tilleul, est recouvert d'une enveloppe, qui est en cuir ou en étoffe de la même couleur que la tige de la bottine ou le dessus du soulier.

Aujourd'hui la cordonnerie comprend deux catégories d'industriels : les fabricants sur mesure et les confectionneurs, dont les produits s'écoulent chez les marchands de chaussures. Les procédés de fabrication de la chaussure sont au nombre de six : la couture au fil poissé à la main, le semelage cloué ou rivé, le semelage vissé, le chevillage en bois, le semelage mécanique au fil poissé et enfin le semelage boulonné.

La chaussure cousue est la plus ancienne. La fabrication des chaussures à vis remonte au premier Empire. En 1809, eurent lieu à Beaucourt, dans le Haut-Rhin, les premiers essais de chaussures à vis. Toutefois, ce genre de fabrication ne s'est développé que vers 1842, grâce à l'emploi de machines spéciales.

C'est également à cette époque qu'il faut faire remonter l'apparition de la bottine à élastique, primitivement fait en fil de laiton. L'élastique en fil de laiton ne tarda pas à être supplanté par le tissu caoutchouté, qu'on se mit à fabriquer en Angleterre.

L'invention de la chaussure chevillée, qui date de 1839 environ, est également due à un fabricant français. Sa fabrication se répandit surtout à l'étranger, aux Etats-Unis, en Russie, en Allemagne et surtout en Prusse, où croît en abondance le sycomore, dont le bois sert à faire les chevilles propres à la cordonnerie. Quant à la chaussure clouée ou rivée, son origine remonte à 1837 et sa fabrication à 1844.

Depuis 1855, la machine s'est développée d'une façon générale dans la cordonnerie. Les machines à coudre sont employées pour la fabrication des tiges et le bordage ; le balancier et l'emporte-pièce sont indispensables à la fabrication de gros ; des machines spéciales ont été créées pour la fabrication des talons d'une seule pièce.

On évalue approximativement à 540 millions la consommation annuelle de la chaussure en France et à 100 millions le commerce d'exportation. Paris est resté un centre pour la chaussure de luxe, mais on compte également comme centres de production : Nantes, Bordeaux, Lyon, Marseille, Limoges, Toulouse, etc.

L'emploi de la machine a multiplié les spécialités car, pour les alimenter, il faut des coupeurs, des monteurs, des couseurs, des finisseurs, des brocheurs, — de simples manœuvres au dire des véritables cordonniers sur mesure. Écoutons leur avocat, Charles Vincent, jetant l'anathème sur les confectionneurs :

« On ne peut nier, dit-il, que s'il est impossible de trouver, dans le monde, deux êtres dont la ressemblance physique soit complète, il faille par la même raison en dire autant des pieds. Si le cordonnier le plus habile, tout en vous prenant mesure et en préparant spécialement des formes qui sont le modèle de votre pied, n'arrive pas toujours à vous chausser sans reproche, comment supposer qu'un soulier, une botte ou des brodequins faits uniformément sur une pointure quelconque réussiront à vous chausser ? Peut-être que le hasard vous fera rencontrer bien aujourd'hui ; mais le lendemain il vous estropiera. Ceci nous explique l'accroissement successif du nombre de MM. les pédicures par les mains desquels il passe aujourd'hui plus de pieds que par celle des véritables cordonniers. »

Parmi ces véritables cordonniers, auxquels fait allusion Charles Vincent, il faut distinguer particulièrement deux artistes. Le premier est le cordonnier orthopédiste, pour qui le moulage et la coupe n'ont plus de secrets, qui fait marcher droit les boiteux et dissimule les infirmités les plus affligeantes. Le second est l'ouvrier qui s'est fait une réputation pour le fini des articles qu'on lui donne à fabriquer. Les magasins de premier ordre s'adressent à lui pour les échantillons destinés à la montre ou les chaussures de grand luxe.

Il est bien évident que toutes les différences que nous venons de signaler entre les produits de la cordonnerie se traduisent par des différences énormes dans les prix de vente. Un homme qui fait profession d'être à la mode payera ses brodequins de 45 à

80 fr. la paire, ses bottes de cheval de 120 à 150 francs, ses souliers de 30 à 60 francs. Il ne se croira bien chaussé qu'après avoir dépensé pour cette partie de sa garde-robe quelques centaines, voire quelques milliers de francs, comme cet Ibrahim-Bey dont les fastes de la cordonnerie ont gardé un touchant souvenir.

Cet Égyptien que les chaussures parisiennes avaient positivement transporté d'admiration, ne s'était pas commandé moins de 27 paires de chaussures à 120 fr. la paire, sans parler de 12 paires de pantoufles brodées facturées à 100 fr. la paire. On ne s'étonnera pas d'apprendre qu'Ibrahim-Bey en soit aujourd'hui réduit à la portion congrue ; ce qui ne lui permet plus d'éblouir les cordonniers parisiens de son luxe oriental.

En revenant aujourd'hui à Paris, Ibrahim-Bey serait sans doute fort surpris de voir le développement prodigieux qu'a pris la vente de la chaussure à bon marché. Le soulier verni est maintenant à la portée de tout le monde, grâce au prix de 12 fr. 50 et de 15 fr. 50 que les marchands de chaussures affichent à tous les coins de rue.

Ces marchands sont pour les deux tiers des commissionnaires, recevant en dépôt la marchandise d'un fabricant, la lui payant seulement une

fois vendue et retenant un bénéfice de 2 fr. 50, qui
sert à couvrir leurs frais généraux. Une partie de
ces commissionnaires trafiquaient autrefois des
ravelins, les chaussures restées pour compte aux
cordonniers sur mesure, qui ne trouvent plus de
placement aujourd'hui par suite de la fabrication
à bon marché. Le dernier tiers de ces marchands
est formé par de simples prête-noms des fabricants.

A 12 fr. 50, la chaussure est faite mécaniquement ;
à 15 fr. 50, elle est en partie cousue à la main. Le
cuir employé est celui de cheval ou de vache qui
est scié à la machine, de façon à tirer deux ou
trois feuilles de cuir dans son épaisseur. Quelques
fabricants emploient aussi le cuir factice, mais, ce
n'est que pour la partie intérieure du talon ou de
la semelle ; ce cuir factice s'obtient en réduisant
en poudre des déchets de cuir et en en composant
une pâte, qu'on met en feuille comme le papier.
On a proposé récemment à l'Académie des
sciences de faire du drap suivant cette méthode et
d'après une formule chimique ; ne désespérons
pas du progrès.

Les savetiers en échoppes tendent de plus en
plus à disparaître de Paris. Beaucoup ont dû se faire
reprovendeurs, pour pouvoir tirer parti de leur

habileté de raccommodeurs. Le reprovendeur est
un cordonnier d'une espèce très curieuse : il achète
aux marchands d'habits les souliers que ceux-ci
ont récoltés dans leurs tournées quotidiennes ; il
met des pièces à ces vieux souliers, rajeunit la
semelle, puis les cire consciencieusement. Le
dimanche, il fait un ballot de toutes les chaussures
qu'il a ainsi rafistolées ; il les étale au carreau du
Temple, où sa marchandise ne manque jamais
d'amateurs. De un à dix francs la paire, voilà le
prix courant.

Le reprovendeur alimente en outre certains
marchands spéciaux, fripiers avoisinant les agglomérations de chiffonniers. Ces fripiers pratiquent
l'échange de la chaussure moyennant une soulte
à débattre. La vieille chaussure laissée par le
client est rétrocédée au reprovendeur par le fri-
pier, et ainsi de suite. Pendant longtemps, les
habitants du village de Lormaison, en Seine-
et-Oise, ont conservé le monopole du raccommodage en gros de ces vieux souliers.

En terminant, parlerons-nous de la mode pour
la chaussure ? Il y a peu de choses à en dire. Il
est cependant un fait, signalé par les rapports
rédigés sur cette industrie, qui est curieux à rete-
nir : « c'est que les augmentations de salaire

pour les ouvriers de cette corporation ont toujours été occasionnées par les variations de la mode. Chaque fois que le goût a changé, qu'un article nouveau a été lancé sur le marché, les salaires ont augmenté, car les ouvriers, hésitant à entreprendre un travail qu'ils ne connaissaient pas, les patrons étaient forcés d'offrir un salaire plus élevé à ceux qui se hasardaient à l'exécuter. »

Pendant longtemps, la mode n'a varié que par périodes de cinq années. Il est certain que la fabrication de la chaussure à bon marché aura bientôt pour résultat d'augmenter la fréquence de ses fluctuations. Quant à trouver des raisons plausibles pour expliquer ces dernières, nous avouons que c'est une tâche encore plus difficile pour la chaussure que pour les autres parties du vêtement.

XVII

ACCESSOIRES MASCULINS

Les premiers cols empesés. — Cols droits et cols cassés. — Les cravatiers. — Cravates noires, blanches et rouges. — Plastrons et cols en papier. — Les gants et leur fabrication. — Physiologie de la canne et du parapluie. — Les dépôts de parapluies. — Le coup du riflard. — Recherche étymologique. — Les perfectionnements bizarres de la canne et du parapluie.

Le vêtement de l'homme comporte un certain nombre d'accessoires. Pour les connaître, il suffit de passer en revue l'étalage d'un chemisier. Nous ne reviendrons pas sur les chemises, les bas et autres articles de lingerie ou de bonneterie, mais nous devons nous arrêter sur les cols, cravates, gants, cannes, ombrelles et parapluies.

Les cols étaient autrefois rivés à la chemise. Jusqu'en 1851, c'est à peine si on les empesait. Les cols droits furent d'abord évasés, avec deux pointes encadrant le menton. Peu à peu, ils diminuèrent d'ampleur et se portèrent tantôt fermés, tantôt légèrement ouverts. En 1864, on fit des cols droits à bouts arrondis; deux ans plus tard, les pointes reparurent mais on fit croiser le col.

Les cols cassés ont fait leur première apparition en 1867. C'était à peu près la forme revenue aujourd'hui à la mode, après vingt ans. Dans les années qui suivirent, les cassures s'écartèrent insensiblement, de façon à dégager le cou. Cette mode battit son plein en 1877, année où on l'exagéra en portant des chemises de couleur.

A partir de 1879, les cassures ont disparu dans la mode, le col est redevenu droit, mais en laissant toujours un large espace qui découvrait le cou. Dans les années qui ont suivi, les bords se sont tout à fait rapprochés et ont fini par croiser. Il semble en conséquence que la mode aujourd'hui ne fait que recommencer la période de vingt années qui vient de s'écouler.

Cravate vient de croate. Chacun sait cela; tous les dictionnaires et toutes les encyclopédies en effet racontent que ce fut un régiment de Croates, venu en France sous Louis XIV, qui amena cette mode. Les soldats croates portaient une bande de linge blanc autour du cou pour se préserver du froid.

On ne tarda pas à attacher une importance exagérée à cette partie du vêtement. On composerait presque une bibliothèque avec tous les traités écrits sur l'art de mettre et de porter la cravate. A la cour, il y avait une charge de cravatier du roi.

Ce cravatier s'est singulièrement multiplié aujourd'hui. Dans toutes les grandes chemiseries, les employés et même les coupeurs ont comme casuel cet office de cravatier. Il est de bon ton chez un certain nombre de petits jeunes gens à la mode, d'avoir un cravatier comme on a un coiffeur, un tailleur et un bottier. Les uns se font cravater à domicile; les autres vont chez le chemisier pour faire exécuter autour de leur col un nœud d'une correction irréprochable.

La mode des diverses cravates est assez difficile à saisir. La fantaisie individuelle se donne à ce sujet un large cours. A vrai dire, outre la cravate de fantaisie, il n'en existe que deux, la cravate noire, qui date de Louis XV, et la cravate blanche importée en France par Brummel.

Dans ces dernières années, on a tenté de leur opposer la cravate rouge; cette résurrection n'a pas eu la vogue que ses auteurs espéraient. Nous disons résurrection, parce que la cravate rouge des romantiques après avoir été sous Louis-Philippe un emblème révolutionnaire avait fini sous l'Empire par être un signe d'élégance. C'est également du règne de Napoléon III que date le plastron, inventé pour dissimuler la chemise, au moment où on lançait dans la circulation les cols et les manchettes en papier.

Cette variété de la lingerie n'a jamais pu se développer d'une façon bien sensible à Paris, malgré tous les perfectionnements anglais et américains qu'on a essayé d'introduire en France. En revanche l'industrie des cols et cravates est loin d'être à dédaigner. La valeur des produits qu'elle manufacture annuellement dépasse 30 millions; on en exporte la moitié. La fabrication occupe de deux à trois mille ouvriers, employés à la coupe des tissus et de dix à douze mille ouvrières.

Après les cols et cravates, viennent les gants qui peuvent se diviser en cinq catégories principales: gants de chevreau glacés, cousus ou piqués; gants d'agneau glacés, cousus ou piqués; gants de chevrette; gants de castor et gants de Suède.

Les principaux centres de production sont Paris, Grenoble, Chaumont, Saint-Junien, Milhau, Lunéville et Niort pour le castor. Les matières premières usitées consistent principalement en peaux de chevreaux qui à l'état brut valent de 25 à 40 francs la douzaine; en peaux d'agneaux estimées à 25 francs la douzaine et en peaux de chevrettes que leur prix croissant rend de plus en plus rares dans la fabrication. Au total, c'est quinze cent mille peaux diverses qu'on emploie en France pour la confection des gants ; cette confection fait vivre environ soixante-dix mille ouvriers, mégissiers, chamoiseurs, teinturiers, brosseurs, gantiers, dépeceurs, étavillonneurs, etc., sans compter des rafileuses, des couseuses, des piqueuses, etc. La fabrication française produit à peu près deux millions de douzaines de gants dont les trois quarts sont exportés principalement en Angleterre, en Amérique et en Russie.

Si nous passons maintenant à la canne, au parapluie et à l'ombrelle, nous regretterons tout d'abord de ne pas avoir le loisir d'écrire un docte chapitre sur leur histoire à travers les âges.

Sous l'ancien régime, on attachait au port de la canne une certaine idée de privilège et d'autorité. C'était l'insigne par excellence du compagnonnage. Un peu avant et beaucoup après la Révolution de 1789, la canne fut la marque distinctive du bourgeois et plus particulièrement du rentier. La classe ouvrière ne portait pas la canne, qui est aujourd'hui dans toutes les mains.

Le parapluie fit à Paris une timide apparition vers la fin du XVIIe siècle. On le fabriqua d'abord en cuir, puis en toile cirée, enfin en soie huilée.

En 1750, on le voit prendre place, parmi les objets d'une fabrication reconnue ; des statuts datés de cette époque en donnent le monopole à la communauté des boursiers.

Vers 1789, le parapluie se fit en taffetas rose, jaune ou vert pomme ; ensuite on passa à la couleur rouge, au vert clair, au bleu, en y ajoutant des bordures. Les nuances usitées encore aujourd'hui, le vert myrthe, le marron et le noir commencèrent à être en usage vers 1825.

La première fabrique de parapluies date de 1815 ; mais la fabrication en usine ne s'est jamais généralisée ; on se contente d'assembler en atelier les diverses parties provenant d'industries spéciales : les manches, les tiges d'acier, les bouts, etc.

Primitivement les parapluies étaient montés avec des baleines ; la grande révolution dans cette industrie remonte à 1851 ; un Anglais, Samuel Fox, imagina le *paragon*, parapluie monté sur des branches d'acier à gouttières profondes.

Paris est le centre de fabrication des cannes et des bois de parapluies. La monture de ces derniers se fait généralement en province. Le commerce auquel donnent lieu ces deux articles monte, en y joignant les ombrelles, à plus de quarante-cinq millions. Les commerçants qui vivent de cette industrie sont nombreux, depuis le grand commissionnaire du boulevard Sébastopol, jusqu'au marchand de cannes du boulevard Saint-Michel et au marchand de parapluies d'occasion, qui émerge du pavé parisien au moment des violentes averses.

A trois reprises différentes on a imaginé de créer dans Paris, à l'usage des gens oublieux ou peu prévoyants, un système de location de parapluies. La première fois, ce fut en 1769; voici à ce sujet le texte d'un curieux document, signé de M. de Sartines, lieutenant général de police.

L'objet qu'on a en établissant des parapluies publics pour la nuit comme pour le jour est de procurer aux habitants une commodité de plus et aux gagne-deniers une facilité de gagner leur vie.

Mais, comme il est important pour la sûreté publique qu'il n'y ait point de rôdeurs pendant la nuit dans les rues et carrefours, Monseigneur le lieutenant-général de police ordonne :

1° Que les gagne-deniers qui porteront des parapluies pendant la nuit les tiendront du bureau de la direction, où ils seront enregistrés par signalement, noms et demeures, ainsi que chez le sieur Heancre, inspecteur de police au bureau de la sûreté.

2° Que ces gagne-deniers porteront une petite lanterne, sur la porte de laquelle sera découpé le même numéro du parapluie, non pour servir de falot, les lanternes à réverbère étant plus que suffisantes, mais pour servir à reconnaître le porteur du parapluie et l'aider à recevoir son paiement.

Ces parapluies, qu'on nomme communément parasols, sont de taffetas vert, solides, bien conditionnés et numérotés. On commencera à en distribuer aux gagne-deniers samedi 16 septembre 1769, au bureau de la direction, rue Saint-Denis, près celle du Grand-Hurleur, au magasin d'Italie.

La saison n'exigeant plus qu'il y ait des parasols pour le Pont-Neuf, la direction fera cesser ce service public le 17, pour ne le recommencer qu'à la belle saison, tant pour ce pont que pour celui de la Tournelle, le Pont-Royal, le Carrousel, la place Louis XV et autres endroits, où on croira que cette commodité peut être utile.

La seconde tentative de location de parapluies a eu lieu en 1864. Un industriel avait imaginé d'avoir des parapluies en dépôt chez les marchands de tabac. Survenait-il une averse, on demandait un parapluie au débitant, qui vous le remettait après versement préalable d'un cautionnement de dix francs. Ce cautionnement vous était rendu avec une retenue de cinquante centimes par journée de location, dès que vous rapportiez l'ustensile loué.

L'ennui était précisément de le rapporter, c'est ce qui a fait échouer cette ingénieuse spéculation, de même que celle qui a été tentée à nouveau, en 1875, par un autre industriel. Il n'en existe pas moins dans Paris de nombreux dépôts, où l'on trouve des parapluies en quantité : ce sont les églises.

C'est incroyable ce que les femmes oublient d'objets dans les églises, la Madeleine par exemple; il faut croire que parmi ces pieuses personnes les unes sont bien distraites et les autres bien profondément recueillies. Les parapluies oubliés sont placés par le bedeau dans la sacristie, où la faculté est laissée à leurs propriétaires de venir les réclamer.

Au bout d'un certain laps de temps, les parapluies qui n'ont pas été réclamés sont vendus par les soins de la fabrique de l'église; mais il n'en reste jamais beaucoup; pour peu qu'ils en vaillent la peine, il se trouve toujours quelqu'un pour les réclamer.

Dans certaines professions, les demoiselles de magasin ou les ouvrières ont cette spécialité. Quand elles ont besoin d'un parapluie, elles se rendent à telle ou telle riche église et vont trouver le bedeau.

— Monsieur, lui disent-elles en larmoyant, je suis bien ennuyée, j'ai dû laisser ici un parapluie appartenant à ma patronne..... Vous comprenez, ça n'est pas amusant, elle va me le faire payer..... Je donnerais bien vingt sous pour le ravoir.

— Comment est-il ? demande le bedeau très alléché par cette promesse de rémunération.

— Ma foi, je ne sais plus bien...; c'est la première fois que je le prenais..... Ah! je me souviens qu'il avait un manche en corne.... comme ça....

La jeune personne fait un geste vague pour indiquer une forme plus vague encore. Le bedeau se gratte la tête, puis se décide à conduire la réclamante dans la sacristie. La voilà qui passe en revue toutes les rangées de parapluies oubliés; elle fait son choix entre les manches à bouts de corne; enfin elle désigne un parapluie en assurant que c'est celui de sa patronne. Le bedeau ouvrirait bien la bouche pour demander quel jour et à quelle heure il a été perdu, mais la pièce de vingt sous qu'il sent glisser discrètement dans sa main le rend muet comme une carpe.

Cette petite comédie s'appelle *le coup du riflard*. Au fait, pourquoi appelle-t-on un parapluie un riflard ? C'est ce qu'il nous faut expliquer en passant. Le mot riflard proprement dit désigne l'instrument à rifler des charpentiers. Mais dès le xve siècle, il prit une allure bouffonne; on le trouve employé dans mainte comédie, c'est une épithète burlesque que se lancent deux interlocuteurs. Il garda longtemps cette acception, lorsque, dans une comédie de Picard, *la Petite ville*, l'acteur chargé du rôle d'un nommé François Riflard s'avisa de paraître en scène avec un énorme parapluie. Depuis ce jour, riflard est devenu le synonyme populaire de parapluie.

Il n'y a guère d'instruments qui aient subi autant de transformations et de perfectionnements que la canne et le parapluie. Etablir des catégories pour la canne entre l'élégant bâton d'ébène vert, à pomme d'or ou d'argent, vendu au Palais-Royal, et le massif nerf de bœuf que les garçons bouchers préparent à l'abattoir de la Villette, est à peu près impossible, mais nous pouvons indiquer les plus connus des perfectionnements, qui chaque année font l'objet d'une centaine de brevets nouveaux.

Voici d'abord la canne siège, très utile pour les peintres ; la canne-lampe, à essence ou à bougie, connue de tout le monde ; la canne avec montre servant de pomme ; la canne avec éventail remisé dans l'intérieur du manche ; la canne avec pomme chauffe-mains ; la canne avec un sujet mobile, mû par une petite pile électrique ; la canne anti-épidémique, dont le pommeau renferme une petite éponge imbibée d'acide phénique ; l'acide phénique d'ailleurs peut être remplacé par un parfum plus agréable.

Les cannes à pêche, à épée et à revolver sont

très répandues. Les marchands de chevaux et les géomètres ont une canne-toise ; les marchands en vins la canne-Bercy avec marteau, pic pour enlever les bondes, vrille pour percer les tonneaux et réserve pour une provision de forets. Les Parisiens qui ont des goûts champêtres peuvent se servir de la canne à herboriser avec coupe-fleurs, de la canne à jardiner qui ne compte pas moins de sept outils, ou de la canne-flûte pour peu qu'ils tendent à la vie pastorale. La canne tire-bouchon, avec extracteur, est indispensable à ceux qui vont dîner sur l'herbe.

Au bord de la mer, une canne longue-vue rendra des services incontestables ; on se servira aussi utilement de la canne calendrier, dont le système, enregistré sous le brevet n° 143.428 nécessiterait une trop longue explication. On comprend beaucoup mieux ce qu'est la canne écritoire ou la canne Robinson Crusoé avec cuiller, fourchette et couteau.

Nous trouvons enfin une multitude de cannes pour les fumeurs, contenant des boîtes d'allumettes et des réservoirs automatiques pour sept cigares ou quinze cigarettes. La canne électrique est une invention thérapeutique ; quant à la canne à louis, pouvant contenir 10.000 francs en or, c'est l'invention d'un rentier prudent, hanté par le cauchemar des révolutions.

Si maintenant nous passons au parapluie, le trait d'union est formé par la canne-parapluie et le parapluie de poche. Presque tous les perfectionnements de la canne se rapportent également au parapluie, mais il en a qui lui sont tout à fait propres. C'est ainsi qu'on compte le parapluie-guide, avec une petite fenêtre pratiquée dans l'étoffe pour permettre de voir devant soi les jours où le vent oblige le promeneur à se faire un bouclier de son parapluie.

Je ne me charge pas de vous expliquer ce qu'est le *pétasophile autoptère* ; vous en trouverez l'explication dans le brevet n° 165.915 ; c'est un genre de parapluie s'ouvrant et se fermant seul.

Le parapluie *anémotrope* pourrait tout aussi bien s'appeler parapluie moulin-à-vent. Il est combiné de façon à pouvoir tourner autour de sa tige au moindre vent et au moindre choc. L'inventeur fait ressortir que de la sorte il n'y a plus à redouter de voir le parapluie se retourner par un grand vent ou se déchirer au milieu d'une bousculade, comme il s'en produit sur les trottoirs étroits.

Tout le monde voit ce que peut être le *parapluie publicité* ; mais le *parapluie parlant ?* Ah ! si le pa-

rapluie pouvait parler, que d'aventures ne racon-
terait-il ? Le parapluie n'est-il pas le meilleur prétexte, un jour de pluie, pour entamer une
conversation galante ?

Qu'on se rassure, il ne s'agit que d'un parapluie
portant un appareil hygrométrique qui indique s'il
est présumable qu'il fera beau ou mauvais temps.

A quand le parapluie-phonographe ?

XVIII

ACCESSOIRES FÉMININS

Une ombrelle de 80.000 francs. — Les châles de la reine Victoria. —
Le corset. — Son origine d'après *The Lancet*. — Une parabole
de Cuvier. — L'éventail. — La feuille et la monture. — Télégraphie de l'éventail. — Le petit sac des dames.

Les ombrelles, bien qu'ayant fait leur apparition dans la main des hommes, il y a une vingtaine
d'années, constituent avant tout un accessoire féminin des plus élégants et parfois des plus dispen-
dieux. L'ombrelle que donna la reine Victoria à
l'un des prédécesseurs du sultan actuel ne coûta
pas moins de quatre-vingt mille francs.

Envers ses sujets, la reine Victoria est moins
prodigue. Quand elle désire honorer une personne
de son sexe, c'est un châle de l'Inde lamé d'or et
d'argent qu'elle lui envoie. Si riche que soit ce
cadeau, on ne peut nier qu'il n'est guère à la mode,
puisque celle-ci a absolument délaissé les châles.
Cependant, comme un de ses caprices peut les re-

mettre en vogue, nous ne pouvons les passer complètement sous silence.

Leur fabrication se divise en quatre catégories : les châles brochés et lamés ; les châles tartans ; les châles unis et brodés ; enfin les châles imprimés.

Les châles brochés et lamés se tissent principalement dans la Picardie ou encore à Lyon et à Nîmes. C'est surtout dans cette dernière ville que se fabriquent les châles à très bas prix. Les châles tartans, d'une fabrication courante, se tissent généralement à Reims, en Picardie et dans quelques départements du Nord et de l'Aisne. La fabrication des tissus servant à confectionner les châles unis et brodés a lieu particulièrement dans la partie du département du Nord située entre le Cateau, Cambrai et Saint-Quentin. Enfin les châles imprimés se font dans les environs de Paris, notamment à Saint-Denis et à Puteaux.

La valeur de la production annuelle des châles peut être estimée à quinze millions de francs. La fabrication a lieu surtout en vue de l'exportation à l'étranger ; néanmoins, la consommation intérieure retient une certaine quantité de châles brochés et de tartans riches, auxquels vient s'ajouter un stock, considérable autrefois, mais de bien moindre importance aujourd'hui, de châles de l'Inde, importés par des maisons parisiennes.

Si le châle a pour effet de cacher la taille de la femme, le corset arrive quelquefois à l'amincir au delà de toute expression. Le corset a la même origine que la tournure, dont nous avons parlé dans un de nos premiers chapitres. Primitivement on fixa des baleines au corsage des robes, puis, vers la Renaissance, on en composa un accessoire spécial de la toilette féminine. Le grand journal médical anglais *The Lancet* raconte l'origine du corset d'une façon bien curieuse :

D'après une vieille tradition, le corset fut inventé par un boucher du XIIIᵉ siècle, comme punition pour sa femme. Ne connaissant aucun moyen pratique et certain pour arrêter la loquacité et le bavardage immodéré de son épouse, ce barbare mari ne trouva rien de mieux que de la comprimer entre deux étaux, qui l'empêchaient de reprendre le souffle ; le corset était inventé.

D'autres maris suivirent bientôt ce terrible exemple et enfermèrent leurs femmes dans ces prisons portatives. Les femmes ne voulurent pas céder, s'habituèrent, par un coup de tête et petit à petit à leur prison, la modifièrent, et, d'une punition barbare, firent, par esprit de contradiction et pour se conformer aux lois de la mode, un objet de toilette que portent également, sans vouloir en reconnaître les inconvénients, grandes dames comme femmes du peuple.

Nous ne ramasserons pas tous les anathèmes que les médecins ont jetés au corset. Une seule anecdote nous suffira ; elle est saisissante. Cuvier promenait une jeune dame pâle et chétive dans les serres du Jardin des plantes ; cette dame se prit à admirer une belle fleur en plein épanouissement.

— Cette fleur est votre image, madame, lui dit Cuvier. Vous lui ressembliez hier, elle vous ressemblera demain.

Le lendemain, le grand naturaliste ramena sa compagne devant la même fleur ; la jeune femme poussa un cri de surprise ; la fleur, si fraîche la veille, était étiolée, inclinée sur sa tige. Pour toute explication, Cuvier se contenta de lui montrer une ligature faite au milieu de la tige et qui avait suffi à amener cet étiolement subit.

Tous les exemples que nous pourrions citer n'empêcheront point l'industrie des corsets de prospérer et d'employer de nombreux ouvriers à Paris, à Lyon et à Troyes pour les corsets cousus, à Bar-le-Duc pour les corsets tissés.

L'éventail est également l'objet d'un commerce important, qu'il faut évaluer à dix millions environ, les quatre cinquièmes de la fabrication s'en allant en Espagne, en Italie et en Amérique.

Les deux centres de production sont Paris et le département de l'Oise. Dès l'origine, c'est-à-dire depuis Catherine de Médicis qui apporta en France l'industrie de l'éventail, Beauvais s'est signalé par la supériorité de ses produits; une grande parties des ouvriers éventaillistes qui travaillent à Paris même sont originaires du département de l'Oise.

La tabletterie, la dorure, la miroiterie, la papeterie, la plumasserie, la peinture et la broderie concourent à la confection des éventails qui, simples ou ornés, riches ou médiocres, sont l'œuvre collective de professions diverses.

Un éventail est composé d'une *feuille* et d'un *pied* ou *monture*. La feuille, simple ou doublée, est de papier, de soie, de crêpe, de batiste, de plumes, de dentelle ou de chevreau. Pour les éventails ordinaires, le dessin qui doit orner la feuille est gravé sur bois, sur cuivre, sur acier, ou lithographié; les épreuves tirées passent aux mains du colleur, du lisseur et des coloristes. Pour les beaux éventails, les feuilles sont peintes et signées par de véritables artistes. Tout ce travail se fait exclusivement à Paris.

Les montures sont de bois indigène ou exotique, d'or, de corne, d'ivoire, de nacre ou d'écaille. Elles proviennent généralement du département de l'Oise, mais les plus riches se font à Paris. Chaque monture, quelle qu'en soit la matière, se compose de petites baguettes assemblées à l'une de leurs extrémités, dite *tête* au moyen d'un *rivure*. Les baguettes intérieures se nomment *brins*, leur réunion forme la *gorge*; les lamelles minces et flexibles qui sont le prolongement des brins, et sur lesquelles on colle l'une des faces de la feuille s'appellent *flèches*. Enfin, on nomme *maîtres-brins* ou *panaches* les deux branches extérieures d'une largeur plus grande que les brins, de façon qu'elles servent à protéger la feuille lorsque l'éventail est fermé.

Le pied de l'éventail et sa feuille, établis séparément, sont remis à la *monteuse*, qui plisse la feuille au moyen d'un moule très ingénieux et la réunit au pied; puis l'éventail passe aux mains de l'ornemaniste, pour qu'il y trace des dessins en or ou en couleur, suivant les indications du fabricant.

A quoi l'éventail ne sert-il pas? A la rigueur les femmes s'en servent pour s'éventer, mais aussi pour chuchoter, pour médire et pour rire à leur aise. C'est un objet de maintien et c'est un appareil télégraphique, car il existe un langage conventionnel de l'éventail, dont je veux donner un aperçu d'après les indications véridiques d'un initié que je cite :

L'éventail ouvert, couvrant la poitrine, signifie : « Soyez discret. »

Fermé et tenu droit, il dit : « Vous pouvez agir en toute sécurité ; rien ne nous dérange. »

Présenté à l'interlocuteur par le petit bout, il témoigne l'indifférence ou l'éloignement. Présenté horizontalement par le bout large, il autorise la galanterie.

Trois compartiments ouverts veulent dire : « Je vous aime ». C'est un aveu — Deux compartiments indiquent une excessive sympathie — Un seul la chaste amitié. Même dans les pays intertropicaux, on n'ouvre jamais plus de trois compartiments pour cette télégraphie ; si le fait se produisait, ce serait inadvertance ou indice d'une passion non pas brûlante, — dévorante.

L'éventail fermé joue aussi un grand rôle. Posé sur le front, il signifie : « Mon mari ou mon protecteur va venir, » — sur le bras gauche : « mon frère, » — sur la ceinture « ma mère... ou tout autre parent. »

Un mouvement circulaire, fait en se jouant avec l'éventail, est un avertissement : « Prenez garde, on nous voit, on nous épie. »

On ne peut choisir un meilleur moyen de donner un rendez-vous. Trois petits coups frappés discrètement de l'ongle sur la quatrième feuille, diront clairement par exemple :

— Jeudi, à trois heures !

En ouvrant l'éventail aussitôt après, la télégraphiste ajoutera : « Chez vous », — en se fermant au contraire : « Chez moi »

Etc., etc., etc.

Eussiez-vous pensé que l'éventail dans la main d'une femme pût signifier tant de choses ? Vous n'imagineriez pas de même tout ce que peut renfermer d'objets étranges le petit sac en cuir que la mode leur a remis, pendant un certain temps, dans la main. Déjà sous le premier empire, cette mode avait fait son apparition.

Bien que le petit sac de dames ait vite pris un très mauvais genre, nous ne pousserons pas à sa proscription, car sa confection alimente l'intéressante industrie des portefeuillistes-maroquiniers, qui ont bien du mal à lutter contre la concurrence des fabricants de Vienne. Il est impossible de refuser à ces derniers une originalité très grande qui leur fait créer des articles d'une nouveauté fort recherchée, pour tout ce qui touche à la maroquinerie. Mais le goût de ces fabricants viennois n'est pas toujours très épuré, et nos ouvriers parisiens, qui n'ont que quatre mois de travail par an, pendant lesquels ils n'ont de repos que celui que l'épuisement des forces les oblige de prendre, maintiennent malgré tout leur renom, pour ne pas dire leur supériorité.

XIX

LE BIJOU

La joaillerie. — Blondes et brunes. — Le commerce des diamants. — La bijouterie. — Le doublé et l'imitation. — La bijouterie d'acier et la bijouterie de deuil. — Perles fines et perles fausses. — Le rubis artificiel. — L'esclavage et le porte-bonheur. — La légende de la sultane. — L'hirondelle et le cochon.

Le bijou est certainement plus qu'un accessoire pour le vêtement féminin. Suivant qu'il est bien ou mal employé, il rehausse ou il déprécie une toilette de même qu'une femme. Que vient faire une broche voyante de diamants sur la poitrine d'une femme maigre? Ne voyons-nous pas chaque jour le mauvais effet produit par des bracelets en disproportion avec le bras qui les porte?

Tant au point de vue de la mode qu'au sujet de la fabrication parisienne, le bijou fait l'objet de catégories bien diverses. Il y a d'abord le joyau. Une pièce de joaillerie est une parure montée en or ou en argent, dans laquelle la monture est garnie de diamants, de pierres de couleur ou de perles, de telle sorte que le métal précieux ne puisse être considéré que comme l'accessoire, tandis qu'il constitue le fond en quelque sorte des articles de bijouterie.

Les femmes doivent assortir les joyaux à leur teint et à leur chevelure : le diamant, le saphir, la turquoise ou la perle doivent être préférés par les blondes ; le rubis, l'émeraude, le diamant et le grenat siéront mieux à celles qui sont brunes.

Depuis 1878, le commerce des pierres précieuses a subi d'assez importantes transformations. Tout d'abord on a admis en franchise de droits comme pierres gemmes, les opales, la pierre chatoyante dite « œil de chat », l'améthyste, la topaze de l'Inde et le rubis de Bohème.

En second lieu, le commerce des diamants a été sérieusement réglementé par la chambre syndicale des négociants en pierreries, à qui des intermédiaires peu délicats avaient escroqué des sommes considérables. Elle a constitué un courtage officiel pour son commerce. Pour être reçu courtier, il faut que la demande d'admission soit présentée par six membres adhérents à la chambre syndicale, dont un au moins faisant partie du comité en exercice.

On compte environ cent cinquante négociants en pierreries à Paris. Leur centre de ralliement est le café situé à l'angle de la rue Drouot et de la rue

Lafayette. C'est d'ailleurs dans le quartier compris entre l'Opéra, Notre-Dame de Lorette, la Trinité et la mairie du IXᵉ arrondissement que ce commerce se trouve cantonné.

Les pierres précieuses arrivent à Paris *sur papier*, c'est-à-dire non montées ; elles viennent des Indes, de l'Orient et de l'Amérique. Le brillant le plus pur provient de Rio-de-Janeiro et de Bahia. Le véritable brillant commercial est celui du Cap de Bonne-Espérance, d'une légère teinte jaune, qui disparaît au reste absolument, le soir, à la lumière artificielle.

La découverte des mines de diamants du cap de Bonne-Espérance ne remonte qu'à 1869. Depuis vingt ans, les produits de cette exploitation ont monté à des centaines de millions. Les diamants extraits sont presque entièrement livrés à l'Angleterre et à la France ; ils prennent forme dans les tailleries hollandaises ou parisiennes. C'est en 1852 qu'un Français, M. Philippe, monta à Paris la première taillerie en amenant des ouvriers hollandais ; il prit un apprenti français, M. Roulina, dont les expositions internationales ont rendu le nom fameux auprès de toutes les femmes, et qui, en 1872, créa rue des Trois-Bornes la première taillerie véritablement française.

Après la joaillerie, vient la bijouterie proprement dite, qui comprend : le bijou en or et en argent, le bijou en doublé et le bijou en doré ou en imitation.

On sait qu'il y a trois titres légaux pour les ouvrages d'or : 920, 840 et 750 millièmes. Le commerce fait surtout usage de ce dernier titre, qui assure plus de résistance aux objets, en permettant de leur donner un poli plus brillant. Le titre de l'argent est de 950 millièmes. Les bijoux sont soumis à des poinçonnages destinés à garantir la valeur intrinsèque de la matière employée. Nous n'insistons pas sur ce point, qui ne rentre pas directement dans notre sujet.

Le bijou en or doublé ne doit pas être confondu avec celui en cuivre doré. Ce dernier n'est doré qu'après terminaison complète, tandis que le doublage s'opère avant le premier travail de l'ouvrier bijoutier. Ce doublage a pour effet de coller ensemble une plaque de cuivre ou de chrysocale avec une feuille d'or très mince du titre de 750 millièmes; l'adhérence s'obtient en portant la feuille et la plaque à une température d'environ 800 degrés et en les appliquant l'une contre l'autre à une autre pression. Le métal à double face qu'on obtient ainsi se prête à toutes les transformations que la bijouterie fait subir aux feuilles d'or et d'argent ordinaires.

La fabrication parisienne par excellence est celle du doré ou de l'imitation, qui occupe un grand nombre d'ouvriers doreurs, argenteurs, graveurs, ciseleurs, reperceurs, sertisseurs, estampeurs, etc.

Les ouvriers bijoutiers n'ont guère d'autre moyen de se placer qu'en allant de maison en maison offrir leurs services. Il est certain qu'avec les développements donnés à la Bourse du travail et à ses annexes, ces errements, préjudiciables aux patrons et aux ouvriers, prendront fin. On compte dans le quartier du Marais quelques crèmeries aux devantures desquelles se trouvent établis de véritables tableaux pour les offres et les demandes de travail. Il nous a paru que les grandes maisons n'usaient guère de ces obligeants bureaux de placement, qui naturellement sont tout disposés à réserver les meilleures places à leurs habitués les plus fidèles, de préférence aux travailleurs les plus habiles et les plus consciencieux.

Après la bijouterie d'imitation, se place la bijouterie d'acier qui eut une grande vogue au xviiie siècle et qui revient en faveur depuis quelques années. L'acier, grâce à sa dureté, est susceptible d'un beau poli ; on en fait des bijoux qui ont beaucoup d'éclat et de scintillement.

Pour obtenir ces parures, on se sert de fer malléable dont on trempe et on acière la surface, ou d'acier qu'on adoucit avant le travail et qu'on durcit quand le bijou est terminé. Des laminoirs portant en creux l'empreinte des reliefs et des matrices d'acier trempé sont les principaux outils de cette fabrication. Le polissage se fait mécaniquement (1).

La bijouterie de deuil se classe après celle d'acier. On peut la subdiviser en trois espèces bien distinctes :

La première et la plus ancienne comprend les bijoux en imitation de pierres de jais ; elle est composée d'appliques en émail ou en verre, variées de formes et de grandeurs, taillées à facettes ou à biseaux, qui sont fixées les unes près des autres, à l'aide de cire noire, sur des fonds en fer découpé.

La seconde comprend les bijoux noirs en corne de buffle ; bien que datant d'une vingtaine d'années tout au plus, cet article a pris une grande extension, parce que la matière employée, grâce à sa malléabilité, se prête à la fabrication de tous les modèles que l'on exécute en or ou en imitation.

1. Rapports des différentes classes du jury de l'Exposition universelle de 1878.

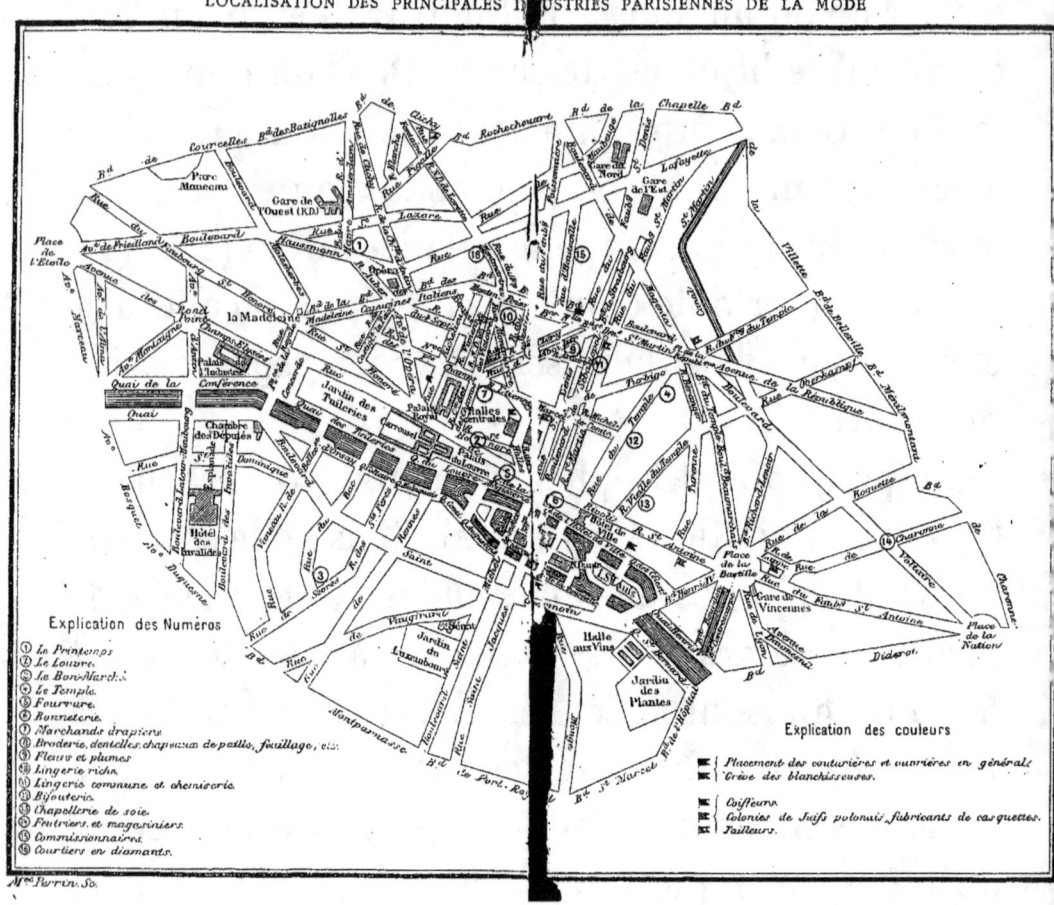

Explication des Numéros

① Le Printemps.
② Le Louvre.
③ Le Bon-Marché.
④ Le Temple.
⑤ Fourrure.
⑥ Bonneterie.
⑦ Marchands drapiers.
⑧ Broderie, dentelles, chapeaux de paille, feuillage, etc.
⑨ Fleurs et plumes.
⑩ Lingerie riche.
⑪ Lingerie commune et chemiserie.
⑫ Bijouterie.
⑬ Chapellerie de soie.
⑭ Feutriers et magasiniers.
⑮ Commissionnaires.
⑯ Courtiers en diamants.

Explication des couleurs

▓ │ Placement des couturières et ouvrières en général.
▓ │ Grève des blanchisseuses.

▓ │ Coiffeurs.
▓ │ Colonies de Juifs polonais, fabricants de casquettes.
▓ │ Tailleurs.

Mⁿᵉ Perrin. Sc.

La troisième, enfin, est la bijouterie en bois
durci ; cette matière est formé de bois et d'albu-
mine, le plus souvent de sciure de bois de palis-
sandre et de sang de bœuf. On compose à l'aide
de ces deux éléments une sorte de pâte qui se
moule comme l'écaille, dans des matrices en
bronze et on en fait des bijoux d'un ton mat très
recherché.

A la suite des imitations que nous venons d'énumérer, il nous faut signaler celle des perles, mais
avant de parler des perles fausses, il nous semble
utile de dire un mot des véritables perles. Les
joailliers se servent des termes suivants pour en
désigner les diverses espèces :

La *perle baroque* est celle qui n'est pas ronde ;
cette expression figure pour la première fois dans
l'inventaire fait en 1599 des bijoux de Gabrielle
d'Estrée.

Les *perles de compte* sont celles qui sont assez
volumineuses pour être comptées, mais qu'on
estime cependant comme trop petites pour être
taxées suivant leur grosseur.

La *semence de perles* se compose de toutes
celles qui sont trop petites même pour être comptées ; on les vend au poids et on les utilise pour
les broderies.

La *perle pucelle* est celle qu'on n'a point percée, qui n'a subi aucun travail, qui se trouve en un mot telle qu'au sortir de sa coquille.

Une perle a un bel *orient* quand elle est brillante et nacrée, sinon, c'est une *perle morte*. Quand elle est terne et mate, on peut l'*aviver*, c'est-à-dire lui donner l'orient qui lui manque, en supprimant la première couche qui la recouvre ; c'est une opération très délicate qui ne peut s'accomplir que sur des perles d'un certain prix et d'une réelle grosseur.

Les perles qui n'ont ni *bouton*, ni *tonneau*, ni *peau piquée*, pour parler comme les joailliers, peuvent atteindre des prix considérables. On en a eu bien des exemples à Paris même, et non pas seulement au moment de la vente des diamants de la Couronne, où les hautes enchères pouvaient paraître motivées par l'intérêt historique se rattachant à certains bijoux.

C'est précisément ce haut prix de perles véritables qui explique le développement des perles fausses. On prétend que les premières furent fabriquées à Paris, en 1686, et que ce fut le hasard qui indiqua à un commerçant nommé Jacquin le secret d'imiter les perles fines.

Ce commerçant avait une petite maison à Passy.

En regardant sa cuisinière qui préparait pour son dîner un plat d'ablettes, il remarqua que les écailles de ces poissons, en se détachant, produisaient sur l'eau une croûte brillante comme la nacre de perles. Il suivit cette précieuse indication et en tira parti pour composer au moyen d'écailles d'ablettes un vernis dont il recouvrit de petites boules de cire.

Il paraît certain néanmoins que dès le XVIe siècle on inventa à Venise le procédé d'imiter les perles par des globules de verre, auxquels on donnait une couleur et un vernis qui les faisait ressembler à des perles naturelles. Aujourd'hui, à Paris, cette imitation est faite avec un tel art qu'il faut presque l'œil exercé d'un joaillier pour distinguer les perles fines des perles fausses. On obtient celles-ci en remplissant de cire des perles de verre soufflé auxquelles on donne l'orient désirable au moyen des écailles d'ablettes. Il faut dix-huit à vingt mille de ces poissons pour composer une livre de vernis.

Si parfaites que soient les imitations, le commerce des pierreries n'a pas à les redouter ; mais où il s'affole, c'est après des séances comme celle du 27 février 1888 à l'Académie des sciences, pendant laquelle M. Frémy, le savant directeur du

Muséum, a soumis à ses collègues des rubis
artificiels aussi parfaits que les rubis naturels,
ayant comme eux la propriété de rayer la topaze.

Si les chercheurs et les marchands de pierres
précieuses tremblent aujourd'hui devant la chimie,
ont-ils toujours aussi reconnu les services qu'elle
leur a rendus ? N'est-ce pas un chimiste, M. Chevreul, qui les a tirés d'affaire au moyen de sa théorie
sur les couleurs complémentaires, tandis qu'ils
s'arrachaient les cheveux de **rage**, en constatant
que les diamants de la plus belle eau, qu'ils achetaient parfaitements blancs en Angleterre, ne
tardaient pas à devenir jaunâtres entre leurs mains,
ce qui leur faisait subir une dépréciation considérable? Qu'ont fait les marchands de diamants, alors
qu'on célébrait le centenaire de M. Chevreul ?

N'insistons pas à ce sujet et disons seulement
quelques mots de la mode pour les bijoux. A vrai
dire, il n'y en a pas; chaque femme cherche
instinctivement à assortir ses bijoux à son genre
de beauté. Sous le dernier empire, on avait essayé
un style néo-grec; depuis, on en est revenu aux
formes Louis XV et Louis XVI.

En remontant de quelques années en arrière,
nous retrouvons l'*esclavage*, un bracelet qui se
plaçait en haut du bras et que le bijoutier rivait

de telle façon qu'il était impossible de le détacher.
Mais l'esclavage n'est pas parvenu à détrôner le
porte-bonheur, ce mince cercle d'or ou d'argent que
les femmes affectionnent. Elles aimeront encore
plus à le porter quand elles connaîtront sa légende.

Il y a un demi-siècle environ, un derviche algérien qui se rendait en pèlerinage à la Mecque, et se
trouvait de passage au Caire, avisa un groupe de
jeunes femmes qu'on allait vendre pour le repeuple-
ment des harems des riches Orientaux. Il en
remarqua une d'une grande beauté, que faisait
ressortir encore plus sa tristesse navrante.

Le derviche lui adressa quelques paroles de com-
passion, et lui donna, pour la consoler, un mince
bracelet en filigrane d'argent, en lui disant:
« Gardez cela; c'est un bracelet qui porte bonheur. » Sur ces entrefaites, la jeune femme fut
vendue aux eunuques du bey de Tunis, le prédé-
cesseur du prince actuel. Elle entra dans son harem,
d'où elle ne tarda pas à sortir, quelques semaines
après, pour prendre le titre d'épouse légitime du
bey.

A son retour de la Mecque, le derviche algérien
passa par Tunis; l'histoire du porte-bonheur ne
tarda pas à se répandre ; à l'instigation de la jeune
femme, le bey retint auprès de lui le derviche et

en fit son grand-vizir. On pense si, dès que cette légende se fut répandue, on se mit à porter des petits bracelets de filigrane dans tous les harems.

Avant l'apparition du porte-bonheur en France, il existait depuis longtemps des bijoux doués par la croyance populaire de la vertu de porter bonheur; cependant, ce n'était généralement que des objets religieux.

On voit beaucoup aujourd'hui, sur les bijoux communs, l'hirondelle volant à tire-d'aile. La mode en vint, il y a près d'un siècle, à la suite d'un procès qui s'engagea au moment de la démolition du fameux café Foy, au Palais-Royal. Il y avait au plafond de ce café une hirondelle, peinte par Carle Vernet, que des amateurs se disputaient avec acharnement. La tradition aidant, la mode fit de l'hirondelle un porte-bonheur.

A l'hirondelle, on fit succéder d'autres animaux, avec plus ou moins de succès, que, plus tard, on accoupla aux porte-bonheur. Quand tout était au naturalisme, il y a trois ou quatre ans, le porte-bonheur devint le porte-veine, et le cochon cher à Monselet remplaça l'hirondelle de Carle Vernet.

XX

LA FOURRURE

Les porteurs du dais royal. — Les quatre marchés européens. — Londres, Leipzig, Irbit et Nijni-Nowgorod. — Le rapport de M. Gruhier. — Le tableau des fourrures. — Le lapin français. — Magasiniers et apprêteurs. — Les retouches du lustreur. — Le lapin champenois. —Le fléau de l'Australie.

La fourrure n'est pas une partie essentielle du vêtement de l'homme ou de la femme, c'est un ornement, un complément que l'usage rend moins indispensable que le bijou, cet autre accessoire masculin et féminin.

La communauté des pelletiers formait jadis le quatrième des six corps marchands de Paris. C'était à eux que revenait le droit de porter le dais royal, aux entrées des rois et des reines dans leur bonne ville de Paris. Leurs premiers statuts datent de 1586 ; en 1746, l'extension de la fabrication du feutre amena le rattachement de leur communauté à celle des bonnetiers et des chapeliers.

Aujourd'hui, on compte en Europe quatre

grands marchés pour la fourrure. Le premier est celui de Londres, où nous avons déjà vu vendre les plumes de parure. C'est aux docks de la Tamise que le monde entier vient chercher les fourrures produites par le Canada et les Etats-Unis. Les Américains eux-mêmes sont obligés d'y venir faire leurs achats.

En effet, toutes les dépouilles d'animaux propres à la fourrure provenant du Canada et spécialement des possessions de la compagnie de la baie d'Hudson, ne peuvent être vendues qu'à Londres, au siège de la société, et, comme les cours ne s'établissent que par ces ventes, les autres ramasseurs de pelleteries brutes, aux Etats-Unis, suivent les procédés de cette société, en envoyant sur ce marché une grande partie des peaux qu'ils ramassent.

Le marché de Londres représente rien que pour la pelleterie un chiffre d'affaires d'une quarantaine de millions. Parmi les quantités les plus considérables, il faut citer approximativement comme stocks vendus chaque année : 200.000 loutres, 100.000 martres, 300.000 visons, 150.000 castors, 3.000.000 rats musqués, 500.000 skunks, 500.000 marmottes, 20.000 loutres de rivière, 15.000 ours, 100.000 renards de toutes couleurs, 30.000 lynx,

300.000 opossums, 15.000 veaux marins, 200.000 phoques, etc.

Le second marché, beaucoup moins important, se tient au centre de l'Allemagne, aux foires annuelles de Leipzig, où, depuis des siècles, il est d'usage pour beaucoup de maisons de pelleteries de venir vendre, échanger ou s'approvisionner de ces marchandises ; la première de ces foires a lieu à Pâques, la seconde en septembre, à la Saint-Michel. On y vend surtout une cinquantaine de mille peaux de fouines, environ 100.000 putois et autant de renards.

Le troisième marché se tient en Russie, d'abord aux foires d'Irbit, en Sibérie, du 20 janvier au 20 février de notre calendrier, et en second lieu à Nijni-Nowgorod, du 25 juillet au 25 août. Ce sont les grands marchés de peaux de petits gris, où l'on en vend près de 10 millions, des lièvres blancs, des hermines et aussi des astrakans.

Paris enfin, dont les grandes maisons sont sans rivales dans le monde entier pour l'apprêt des fourrures, est le grand centre de l'imitation ; pour les peaux brutes, c'est le marché par excellence de la peau de lapin. C'est grâce à la perfection des procédés de teintures en usage, que le lapin français, ou lapin domestique a envahi le monde entier. Il se présente sous des noms multiples, dont il s'accommode à merveille, selon les circonstances.

M. Gruhier, trésorier de l'Union des chambres syndicales ouvrières de France, de qui nous tenons les intéressants renseignements qu'on vient de lire, s'exprime ainsi dans un rapport des plus instructifs, fait au nom de la Délégation ouvrière à l'exposition d'Amsterdam :

« Lorsque le lapin est travaillé à poil long, il porte le nom de *sibérienne*, et le plus souvent de *martre* de n'importe quel pays, même où il ne s'en produit pas. Lorsqu'il a subi la façon de l'épilage, qui consiste à lui retirer la pointe, on le nomme *castor* ; à poil rasé à la mécanique, façon peluche de velours, on le présente en public sous les noms de *loutre* de toutes les mers possibles, voire les plus polaires. Nos *chats* de gouttières, bien qu'en plus petit nombre, le suivent dans ces pérégrinations et se débitent comme lui sous des noms d'emprunt les plus bizarres.

« C'est ce qui donne souvent lieu à des histoires comme celle dont je fus tout dernièrement témoin.

« Une Française, sœur d'un de mes amis, de retour d'Amérique, qu'elle a habitée pendant environ vingt années, me demanda, après lui avoir été présenté par son frère, si, en ma qualité

d'ouvrier en pelleterie, je voudrais me charger
de la réparation d'une fourrure très rare et très
chère, cadeau qu'elle reçut dans une ville américaine.

— Je tiens beaucoup à cette fourrure, me dit
cette dame, c'est une *loutre* magnifique; je l'ai laissée détériorer par la mite et, coûte que coûte, je
tiens à ce que l'on me la répare.

« Et sur ce, l'on me présenta un manchon que
je reconnus bientôt pour n'être autre chose que du
chat domestique, qui, gris clair dans son *état* naturel, avait été teint marron foncé, après avoir été
rasé façon loutre, le tout de fabrication française ;
ce manchon, d'une valeur de 6 fr. 50, avait été
acheté en Amérique au prix de 120 francs.

« Désirant laisser à cette dame une impression
favorable sur cet objet, je lui assurai qu'en raison
de la rareté de la fourrure, il serait presque impossible de la faire réparer en France et que mieux
valait faire cette dépense à son prochain retour en
Amérique. Son frère seul sut la vérité, ce qui le
fit bien rire.

« L'on pourrait indéfiniment raconter des cas à
peu près semblables ! Qui n'a connu un artiste pro-
fitant d'un engagement en Russie, pour acheter au
pays des riches fourrures une de ces pelisses soi-

disant incomparables, et qui, au total, possèdent cols, revers et parements en *rat musqué* d'Amérique et le fourrage intérieur en *chat* ou en *lapin* de provenance française, le tout grossièrement .confectionné et d'une ampleur embarrassante ? l'on pourrait même ajouter d'une lourdeur écrasante, n'ayant du Nord que le confectionnement et non la fourrure.

« Enfin, la fabrication du lapin entre au moins pour les deux tiers dans la consommation des fourrures de l'univers. »

M. Gruhier se hâte d'ajouter un correctif à ce tableau désolant, en disant, — ce qui est parfaitement vrai d'ailleurs, — que chez les fourreurs parisiens, on vend l'imitation pour ce qu'elle est réellement, tandis qu'il n'en est pas de même à l'étranger ou dans les magasins de nouveautés ordinaires, n'ayant point cette industrie comme spécialité.

Au reste, pour édifier complètement nos lecteurs à ce sujet, nous placerons sous leurs yeux le tableau suivant, dressé par la Chambre syndicale des ouvriers apprêteurs en pelleterie, qui établit la valeur intrinsèque de toutes les catégories de peaux usitées.

	Fr.		Fr.
Astrakans........	12 »	Loups de Hongrie . . .	18 »
Agneaux divers.....	2 50	Marmottes.......	12 »
Avortons........	» 50	Martres zibelines...	160 »
Blaireaux........	7 »	Martres Canada	40 »
Chèvres........	12 »	Martres de Prusse...	20 »
Castors........	20 »	Oies diverses......	4 »
Chats ordinaires....	1 50	Opossums.......	4 »
Chats noirs et bleus..	4 »	Putois........	6 »
Chats sauvages.....	5 »	Petits gris.......	1 »
Chacals........	4 »	Phoques........	13 »
Cygnes........	25 »	Renards noirs et ar-	
Chinchillas.......	10 »	gentés........	500 »
Castorins.......	6 »	Renards dorés, bleus	
Fouines........	12 »	et blancs.......	100 »
Grèbes........	3 »	Renards croisés.....	100 »
Gloutons........	45 »	Renards du Canada..	16 »
Genettes........	2 50	Renards Virginie....	15 »
Hermines........	2 »	Rats musqués.....	1 50
Kolynskys.......	4 »	Rats grondins.....	4 »
Lapins blancs d'Alle-		Skunks........	9 »
magne........	» 75	Singes........	20 »
Lapins riches.....	3 »	Visons du Canada...	12 »
Lapins français....	1 50	Vigognes........	
Lièvre de Saxe.....	2 »	Kangouroo.......	
Lièvres blancs de Rus-		Veaux marins.....	9 »
sie.........	1 »	Vaches marines....	15 »
Loutres Kamtschatka.	600 »	Queues de martres et	
Loutres ordinaires..	50 »	de visons......	3 »
Lynx.........	28 »	Queues de marmottes	
Loups blancs du Ca-		et de renards divers.	0 40
nada.........	40 »		

Maintenant que mes lecteurs sont en possession
de ce tableau, ils peuvent faire un retour sur eux-
mêmes et calculer, en tenant compte d'une majo-

ration suffisante représentant le gain des intermédiaires, ce que leurs fourrures peuvent bien être, en se basant sur leur prix d'achat.

Le commerce des fourrures est pour les trois quarts entre les mains d'étrangers et particulièrement des Allemands, patrons et ouvriers, établis à Paris. Le commerce des peaux de lapins, de lièvres et de chats est au contraire bien français, et donne lieu à des exportations considérables.

Le *chineur*, qui crie par les rues son monotone : « marchand peaux d'lapins », est légendaire. Il achète, pour quelques sous, à la cuisinière des peaux qu'il revend par centaines à d'autres marchands, qui les revendent, eux, par milliers à d'autres qui les achètent par centaines de mille.

On appelle ces derniers des *magasiniers*; ils sont tout à la fois apprêteurs, coupeurs de poils et lustreurs. Nous avons déjà vu, dans notre chapitre sur les chapeliers, quelle est l'industrie du coupeurs de poils de lapins, qui approvisionne de matières premières les fabricants de feutre. En ce qui concerne le lapin, le poil qui convient à la chapellerie n'est pas le même que celui recherché pour la fourrure. La chapellerie par exemple classe au dernier rang la peau du lapin de Champagne, dont le poil se feutre mal ; la pelleterie au contraire

désigne ce lapin sous le nom de lapin riche ; il est
d'ailleurs d'une belle couleur cendrée et argentée,
qui permet de faire des imitations particulièrement
réussies de petit gris.

Avant d'être baptisée loutre par le tailleur ou la
couturière, la peau de lapin doit passer par les
mains d'une vingtaine d'ouvriers employés par
l'apprêteur et le lustreur. La profession des apprêteurs en pelleterie comprend de 1,000 à 1.200 ouvriers, tous Français. La cinquième partie de ces
ouvriers est disséminée à Lyon, Bordeaux, Marseille, Troyes et Sens ; le reste travaille à Paris.
Quelle que soit la fourrure, loutre authentique
ou lapin de chou, le travail d'apprêt est le même ;
il se subdivise en treize opérations. Les voici dans
leur ordre :

1° L'*écroupage*, qui consiste à retirer au moyen
d'un couteau les différentes parties de la peau ne
devant pas être travaillées ;

2° Le *boursage*, consistant à renfermer le poil
dans le cuir au moyen d'une couture pour le préserver du graissage ;

3° Le *graissage*, par lequel on enduit légèrement
d'huile végétale avec une brosse, les cuirs, pour
leur donner la *nourriture* ;

4° Le *broyage* ou le *foulage*, opéré soit par une

machine, soit par un homme, qui prend un certain nombre de peaux, les jette dans une cuve et les piétine en les retournant comme une salade pendant huit à dix heures, afin de faire absorber au cuir l'huile dont il a été enduit et qui doit contribuer à sa souplesse ;

5° Le *mouillage*, consistant à mouiller ensuite avec une brosse les cuirs, un à un, en prenant beaucoup de précautions ;

6° Le *tirage*, l'opération la plus importante. L'ouvrier procède d'abord en fendant la peau de la tête aux pattes de derrière. L'ouverture qu'il pratique doit passer juste entre les deux flancs, afin qu'étant ouverte. elle présente une surface unie ; puis le tireur râcle le cuir sur une sorte de faux très tranchante, pour le débarrasser de sa graisse et diminuer son épaisseur.

Il doit surtout éviter avec beaucoup de soins d'atteindre l'épiderme ou la racine du poil, parce qu'alors il n'adhère plus au cuir et s'en détache facilement. Cela en diminue beaucoup la valeur ; on le constate aussi dans les peaux qui ont été séchées, sans qu'on ait pris la précaution de les bourrer, comme nous le recommandions tout à l'heure. Dans ce cas, on est obligé de les rapiécer ;

7° La *mise en long*, qui s'obtient en détirant à la main le cuir de la peau ; on lui donne ainsi la forme et le sens qui sont nécessaires pour le dégraissage ;

8° Le *battage* précède le dégraissage ; chaque peau est battue sur poil avec des baguettes de jonc, afin de l'ouvrir et de la défeutrer ;

9° Le *dégraissage* a lieu en plaçant les peaux dans de grands tambours de bois, montés sur croisillons et sur coussinets, tournant sur eux-mêmes, assez semblables à ceux employés pour brunir les clous ou les boules d'acier, seulement beaucoup plus grands.

On introduit dans ces tambours, lorsqu'on y met les peaux, de la sciure de bois blanc ou de bois des îles, quelquefois aussi du plâtre pour certaines peaux. Cette opération peut durer de 6 à 24 heures, en changeant plusieurs fois de sciure ;

10° Le *battage* et le *passage au pied*. La première opération, exécutée à la main, sert à débarrasser les peaux de leur sciure ou de leur plâtre ; puis l'ouvrier fouleur les repiétine à nouveau, mais sans huile, pour adoucir encore le cuir et ajouter du brillant au poil ;

11° Le *peignage* a lieu après un troisième battage et s'opère au moyen d'un outil spécial servant à diviser le poil en ayant bien soin de ne pas l'arracher ;

12° Le *parage* est accompli par l'ouvrier tireur, à qui les peaux reviennent ; il blanchit les cuirs au moyen de son outil tranchant affûté pour la circonstance, en les rasant pour en détacher des petits copeaux ;

13° Le *dressage* consiste à détirer une dernière fois les peaux pour les mettre dans leur forme définitive.

Au sortir de ces diverses opérations, la peau passe chez le lustreur, qui la teint ou opère sur elle des retouches. Il fait de la zibeline avec de la martre du Canada, de la martre du Canada avec de la martre de Suède, de la martre de Suède avec de la martre de Prusse, de la martre de Prusse avec de la martre de France, de son vrai nom la fouine, et de la martre de France avec du lapin de choux.

Le marché français produit environ 80 millions de peaux de lapins et 15 millions de peaux de lièvres. Pour la fourrure, nos seuls concurrents sont les Belges. Dans les Flandres, l'élevage du lapin est en grand honneur ; il existe des sociétés d'encouragement pour cet animal qui organisent des concours annuels tout comme nos sociétés hippiques. Malgré tous les efforts de ces sociétés, jamais

on n'a pu acclimater le lapin riche en Belgique; le
lapin champenois transplanté hors du sol natal,
ne donne plus que des rejetons d'une robe très
vulgaire, c'est le lapin patriotique par excellence.

En ce qui concerne la chapellerie, la production
française a à lutter contre les importations d'Australie. Il est vrai de dire que la presque totalité
des marchandises de cette provenance sont apprê-
tées en France. On sait quel fléau le lapin est
devenu pour l'Australie. Il y a tout au plus vingt-
cinq années qu'un émigrant français emporta une
vingtaine de nos lapins domestiques dans le but
de les acclimater sur le grand continent océanien.
Il réussit si bien qu'après en avoir mis en liberté
un certain nombre, on les vit se propager dans des
proportions considérables, au point que, malgré la
chasse terrible et continuelle qu'on leur livre
depuis, les habitants auxquels ils rendent toute
culture impossible se voient dans l'impossibilité
de les détruire.

Le gouvernement de Victoria a promis des primes considérables à qui trouverait un moyen pratique d'en débarrasser l'Australie. M. Pasteur est
entré dans la lutte, un flacon de microbes à la
main. Quel sera le vainqueur? Le savant ou le
lapin? Dans tous les cas, les Australiens sont

placés en face d'un dilemme bien fâcheux: il faut qu'ils choisissent entre la famine, si le lapin continue à se propager en dévastant toutes leurs céréales, ou la peste, si des remèdes héroïques parviennent à produire de gigantesques hécatombes dans les rangs de l'armée dévastatrice. En attendant une solution à cette question, les Australiens, gens pratiques, se consolent en expédiant en Europe près de 40 millions de peaux de leurs tenaces et prolifiques ennemis.

XXI

NETTOYAGE ET PARFUMERIE

Teinturiers et blanchisseuses. — Les teinturiers chiffonniers. — L'outillage d'un dégraisseur. — Les ouvriers spécialistes. — Le nettoyage à sec. — Le musc et le patchouly. — La fabrication de la parfumerie. — La menthe de Gennevilliers. — La pommade à la moelle de bœuf. — Le vinaigre de Bully.

Quand le vêtement masculin ou féminin est sali, taché de graisse ou passé de couleur, il reste encore un moyen d'en tirer parti, sans avoir recours au marchand d'habits, que nous avons portraicturé dans un précédent ouvrage (1) ; c'est de le porter au teinturier.

Nous ne voulons point parler ici de l'industriel qui fait de l'art et de la chimie en teignant les laines et les soies, mais du millier de teinturiers dégraisseurs établis dans Paris, qui ont pour enseigne : *Teinture et nettoyage*, mais qui s'occupent surtout de cette dernière opération.

1. Le *Pavé parisien*, 1 vol. à la Librairie illustrée.

Les teinturiers en boutique ressemblent beaucoup aux blanchisseuses de fin. La plupart ne travaillent pas eux-mêmes ; ils ne sont qu'un intermédiaire entre le client et des industriels de Clichy, de Grenelle ou d'ailleurs, qui opèrent le nettoyage en gros, passent à jours fixes chez les teinturiers de détail pour prendre la marchandise et rendre en même temps celle qu'ils avaient emportée à leur précédent voyage.

Les petits teinturiers en boutiques sont nommés par les grandes maisons des *chiffonniers*. Quelquefois cependant, ces teinturiers-dégraisseurs ont une spécialité telle que le nettoyage des flanelles, des lainages, des plumes, etc. Dans ce cas, ils font eux-mêmes le travail.

L'outillage d'un teinturier-dégraisseur est peu considérable. Il consiste : 1° en une table de travail, dite à détacher, longue de deux mètres et large de moitié, légèrement inclinée pour faciliter l'écoulement des eaux ; 2° en une petite table dite de réserve ; 3° en un baquet avec fouloir, qui n'est autre qu'une planche cannelée en lignes horizontales sur laquelle on frotte l'étoffe pour enlever les salissures ; 4° un générateur à vapeur ; 5° une machine à sécher les tissus, ou plus simplement un sac à tordre les étoffes ; 6° une chambre bien aérée servant de séchoir ; 7° des rames, cadres ou châssis ; 8° une presse cylindrique ; 9° un métier à lustrer avec un battoir en bois ; 10° une étuve pour faire le lustrage des étoffes.

Le dégraisseur qui n'a aucune spécialité ne donne cependant pas tout au teinturier en gros. Les gants sont souvent nettoyés par des gantières, ouvrières en chambre, qui travaillent pour plusieurs maisons et peuvent ainsi exécuter à bon compte un travail qui reviendrait plus cher au teinturier, s'il devait l'opérer lui-même. La dentelle a aussi ses ouvrières spécialistes. Le nettoyage des plumes occupe de même un certain nombre de petites entrepreneuses dans le quartier du Caire.

Il y a deux sortes de nettoyages, le nettoyage mouillé qui s'opère à l'aide de l'outillage que nous venons d'énumérer et le nettoyage à sec, qui n'est exécuté que dans des usines outillées pour ce seul objet. Ces usines sont toutes hors Paris, le Conseil d'hygiène et de salubrité interdisant ce genre de nettoyage dans l'enceinte des fortifications.

Le nettoyage à sec s'opère dans la benzine pure. On l'emploie pour les vêtements et les étoffes d'une certaine valeur. Il a l'avantage de ne pas déformer les vêtements masculins et d'éviter aux costumes féminins des façons très coûteuses, quand il s'agit de découdre et de recoudre une robe. Avec ce procédé, il n'y a pas un point à ôter à une robe.

Toutefois, la benzine n'ayant d'action que sur les corps gras, le teinturier doit s'assurer si la robe donnée à nettoyer n'a pas de taches d'une autre nature ; dans ce cas, il est obligé de faire ce qu'en terme de métier on appelle des retouches.

Si les femmes ont fréquemment recours au nettoyage à sec, ce n'est point par amour de la benzine ; elles préfèrent généralement d'autres parfums. Un chimiste, en essayant d'analyser *l'odor di femina*, risquerait fort d'être arrêté par la complexité des senteurs dont il relèverait la trace.

On y distingue une pointe de musc qui vient de ces savons rendus transparents par l'alcool que l'Angleterre a inventés et que nous lui fournissons aujourd'hui. Cette odeur est si persistante que cinquante ans après le départ de l'impératrice Joséphine qui aimait le musc passionnément, on badigeonnait et on lessivait les murs de son cabinet de toilette à la Malmaison, sans parvenir à détruire cette odeur.

La traînée de patchouly que la femme laisse derrière elle vient de son linge. L'origine de l'usage du patchouly en Europe est assez curieuse pour que nous nous y arrêtions un instant.

On sait qu'à leur apparition première en France, les véritables châles de l'Inde se vendaient des prix extravagants. Les acheteurs les reconnaissaient à l'odeur, car ils étaient parfumés avec du patchouly.

Les fabricants français, au bout de quelque temps, étaient parvenus à imiter le travail indien, mais ils ne pouvaient donner à leurs tissus l'odeur particulière des produits de l'Inde. A la fin, ils découvrirent le secret, commencèrent à importer la plante pour parfumer les châles de leur fabrication et parvinrent à les faire passer ainsi pour de véritables châles de l'Inde. Plus tard seulement, les parfumeurs s'emparèrent à leur tour de cette plante aromatique.

Le musc et le patchouly répugnent à bien des gens. Un proverbe dit qu'il ne faut disputer ni des goûts, ni des couleurs; il aurait pu ajouter : ni des odeurs. Grétry ne se trouvait-il pas mal à l'odeur et même à la vue d'une rose?

L'industrie de la parfumerie, longtemps en enfance, a pris en France un développement tel que les produits qui sortent de nos usines servent à alimenter non seulement les marchés français, mais aussi la plupart des marchés étrangers.

Les grands centres de la fabrication sont la Provence et Paris. La Provence et principalement les villes de Grasse, Nice et Cannes travaillent spécialement les substances de parfumerie classées comme matières premières. Paris, au contraire, fournit les produits prêts à être livrés à la consommation, tels que pommades, huiles parfumées, vinaigres aromatisés, savons et eaux de toilette, poudres, extraits d'odeurs, cosmétiques, etc.

Toutes les fleurs et les essences sont tirées par les fabricants parisiens du Midi de la France. Seule la menthe employée pour les dentifrices est produite par les environs de Paris. La presqu'île de Gennevilliers leur fournit une menthe dont le parfum peut rivaliser avec celle de l'Angleterre ; cette plante doit sa saveur aux eaux d'égout dont la vaste plaine de Gennevilliers est saturée.

La vente en boutique des produits de la parfumerie s'opère par l'intermédiaire des coiffeurs, des magasins de nouveautés, des épiciers et aussi de ces parfumeuses qui ne parviennent jamais complètement à dissimuler leur véritable commerce.

On trouve même de la pommade chez les bouchers, par suite d'une vieille tradition. Les uns s'approvisionnent chez le parfumeur, mais les autres persistent à préparer eux-mêmes leur *véritable pommade à la moelle de bœuf.* Voici la recette de cette fabrication :

On fait fondre au bain-marie 30 grammes de cire vierge, à laquelle on ajoute, quand elle est bien dissoute, 350 grammes de moelle de bœuf bien nettoyée et coupée en petits morceaux, puis 250 grammes d'axonge et 30 grammes d'huile de noisette.

On laisse reposer le mélange, en faisant refroidir le récipient à l'eau froide, mais en prenant toutes précautions pour que cette eau froide ne pénètre pas dans le vase. On ajoute ensuite un jus de citron, et l'on bat avec une cuiller de bois.

Le lendemain, on fait chauffer à nouveau au bain-marie, on opère un filtrage, à la suite duquel on parfume soit avec 32 grammes de rhum, soit avec 20 grammes d'essence de bergamote ou d'essence de Portugal. On coule en pots.

Les bouchers parfumeurs ont encore une nombreuse clientèle qui se croirait vouée à la calvitie s'il lui arrivait de faire usage d'une autre pommade. De même le nombre des gens voués à l'eau de Cologne, plus ou moins de Jean-Marie Farina, ou au vinaigre de Bully, est considérable.

C'est d'une modeste boutique située à l'angle des rues Saint-Honoré et Saint-Nicaise que le vinaigre de Bully est parti, au commencement du siècle, pour conquérir le monde.

Tout le monde connaît l'admirable type de César

Birotteau, dont la grandeur et la décadence a été racontée par Balzac. Bully a été le modèle du puissant romancier.

Le parfumeur allait toucher à la fortune, grâce à son commerce, quand la révolution de 1830 éclata. Dans la lutte dont son quartier se trouva le théâtre, des Suisses traqués par le peuple vinrent se réfugier chez Bully. La nouvelle s'en répandit ; on fit le siège de la boutique, elle fut forcée, saccagée ; en quelques minutes, Bully perdit tout son avoir.

La vente du peu qui lui restait ne comblant point le passif de sa situation, Bully aliéna la recette de son vinaigre aux mains d'un confrère et se retira chargé de quelques milliers de francs de dettes. Mais il jura à ses créanciers que, tôt ou tard, il s'acquitterait envers eux ; comment ? Il ne le savait guère.

Peu de temps après sa ruine, Bully apprit qu'un de ses anciens clients, le comte de Lostange, fondait un journal quotidien intitulé le *Rénovateur*, qui ne devait pas tarder à fusionner avec la *Quotidienne*. Il implora de lui et il obtint avec reconnaissance une place de garçon de bureau.

Dès lors, sa vie fut un martyre inconnu. Il n'avait qu'une idée fixe : payer les quelques mille francs dont il était débiteur. Le moyen avec les quatre-

vingt-dix francs qu'il gagnait par mois? Il le trouva
cependant en se condamnant à des privations
inouïes.

Ceux qui le connurent racontent qu'il ne vivait
que de pain et de laitage, qu'il n'avait pas de domicile, qu'il couchait dans un fauteuil du bureau et
que de cette sorte il ne prélevait que quinze ou
vingt francs par mois sur ses appointements, aban-
donnant le reste à ses créanciers.

Accablé de vieillesse, il alla mourir à l'hôpital
de la Charité, et la seule personne qui suivit le
convoi de cet honnête homme fut le comte de Lostange. Nous donnons ce bel exemple à tous les
commerçants qui vendent le vinaigre de Bully;
puissent aussi ceux qui s'en parfument ne pas
oublier la vie de ce martyr inconnu de l'invention,
de la politique et de la probité.

XXII

LA MODE ET LA PAIX

Une anecdote d'Addison. — Un royaliste universel. — La mort du
duc d'Albany. — Le Drawing-room. — Influence des fêtes officielles. — M. Carnot et M. Grévy. — La politique dans la mode. —
Le vent et la tempête. — Une allégorie finale.

Addison, le grand écrivain anglais, raconte une
bien curieuse histoire. Il lui arrivait de fréquenter
à Londres une taverne où il ne manquait pas de
rencontrer chaque jour un gros homme pansu, qui,
après un coup d'œil jeté sur les gazettes, levait les
bras au ciel pour s'écrier :

— Dieu soit loué ! tous les princes étrangers se
portent bien !

Quand on lui demandait quelles étaient les nouvelles de Vienne, il répondait avec une pointe de
satisfaction :

— Grâce au ciel, je n'ai qu'à me féliciter de l'excellent état de la santé de leurs Altesses les princes
d'Allemagne.

Venait-on à lui parler de la France :

— Leurs Majestés, disait-il aussitôt, se portent à merveille, ainsi que toute leur nombreuse famille.

Le gros homme pansu était un royaliste universel. Addison, que cette inquiétude perpétuelle de l'habitué de la taverne pour les santés princières, intriguait au plus haut point, finit par découvrir que l'excellent homme était un marchand de soieries et de rubans, très intéressé, par son commerce, à la santé de tous les princes de l'Europe, la mort de l'un d'eux ayant pour effet de suspendre, pendant un temps plus ou moins long, la vente des articles de sa fabrication. Addison ajoute que toutes les fois qu'il faisait un accord avec un ouvrier, il ne manquait pas d'insérer cette clause dans le marché :

« Tout ceci sera bien et dûment exécuté, pourvu qu'aucun prince étranger ne vienne à mourir dans l'intervalle du temps marqué ci-dessus. »

En 1884, l'un des délégués de la chambre syndicale de la confection et de la couture s'exprimait ainsi devant la commission d'enquête parlementaire :

M. Worth. — La mort du duc d'Albany, au point de vue de nos affaires avec l'Angleterre, va faire perdre à Paris 15 millions, et je suis certain que je suis au-dessous de la vérité ; l'exportation va subir, à cause de cela, une diminution sensible. La société anglaise, à Londres, nous donne particulièrement beaucoup de commandes ; mais ces commandes vont se trouver arrêtées, par suite du deuil de la reine. Notre industrie peut vous paraître futile, parce qu'il s'agit de chiffons.

M. le président. — Une industrie qui fait pour 250 millions d'affaires n'a rien de futile.

M. Worth. — Je suis sûr qu'actuellement, je le répète, ce deuil de trois semaines sera pour Paris l'occasion d'une perte de 15 millions au point de vue de l'exportation ; et, en ce qui me concerne, c'est une diminution de 200.000 francs d'affaires ; les commandes ne viendront pas, et la saison est manquée.

Cela a également une grande importance pour l'industrie de Lyon, qui sans nous n'est rien ; il en est de même pour Tarare et Roubaix.

Songe-t-on maintenant à l'importance commerciale qu'a la mort d'un souverain tel que l'empereur d'Allemagne? Toutes les cours de l'Europe gardent le deuil pendant un mois. Tenons-nous-en à la cour d'Angleterre, puisque c'est d'elle que nous venons de parler.

Le *Drawing-room* est une cérémonie annuelle pour la présentation des jeunes filles ou des dames admises à la cour. L'étiquette en règle tous les détails, depuis la longueur de la traîne de la robe jusqu'au mode de la coiffure. Cette cérémonie jette en France à peu près la moitié de ce qu'elle occasionne en frais de toilettes, c'est-à-dire environ 150.000 francs. La mort de l'empereur Guillaume a fait supprimer le *Drawing-room* cette année et voilà une première perte pour le commerce parisien, insuffisamment compensée par les stocks de jais que notre fabrication a expédiés sur les marchés étrangers.

En dépit des théories de M. Frédéric Passy, il faut des fêtes pour alimenter le commerce parisien. Il ne suffit pas en effet de compter sur le renouvellement des saisons. Celles-ci n'apportent que trop, parfois, le désarroi dans le commerce du détail, par suite de la variation des saisons. S'il fait chaud en hiver et froid en été, le trouble le plus profond se manifeste parmi la clientèle ; c'est un arrêt marqué pour le vente.

Dans l'enquête dont nous parlions tout à l'heure, tous les présidents de chambres syndicales des industries parisiennes ont été unanimes à réclamer des fêtes et des bals pour Paris. Reproduisons quelques dépositions. Voici par exemple celle du délégué du comité syndical des fleurs, feuillages, fruits et apprêts.

M. Delmart. — Je désirerais dire un mot sur une question qui peut vous paraître secondaire, mais qui est une question capitale pour nous : la question des fêtes.

Les étrangers viennent à Paris deux ou trois fois par an chercher un guide pour la mode, chercher ce qui se porte. Il est bien certain que s'il n'y a pas de bals, ils ne peuvent pas savoir au juste ce qu'ils doivent acheter.

Il serait donc bon au lieu de faire des fêtes officielles, de faire des bals officiels ; il y aurait peut-être moins de messieurs, mais il y aurait beaucoup plus de dames. Cela aurait une grande importance pour nous. Si vous entendiez tous ceux qui s'occupent d'industries se rattachant à la toilette des dames, ces gens-là se plaindraient de la même façon ; je serais très heureux si on pouvait prendre cela en considération.

Le Gouvernement, au lieu de donner des fêtes officielles donnerait des bals officiels, il y aurait des dames qui voudraient briller par leur toilette et par leur beauté : alors la mode serait donnée et nos acheteurs seraient fixés sur leurs choix.

M. Lecherbonnier. — Je désirerais savoir si, dans le monde qui donne habituellement des fêtes, vous avez remarqué qu'il y a moins de bals et de réceptions que par le passé ?

M. Delmart. — Il est certain que cela doit provenir de quelque chose ! Nous considérons que maintenant, effectivement, il y a beaucoup moins de fêtes, de bals qu'autrefois. Cela tient à ce que ceux qui possèdent ne dépensent pas, ne donnent pas assez de bals ; on se réunit trop entre hommes, et on ne laisse pas assez de place pour les femmes. Je parle au point de vue de l'industrie.

M. le président. — Je suis bien aise de vous faire cette observation. Nous avons entendu d'autres déposants se plaindre des gros traitements. Sans traitements élevés, pas de fêtes officielles, de raouts, de dîners, de bals. Vous voyez la contradiction : à vous, il vous faudrait de gros traitements ; à d'autres il n'en faudrait pas du tout.

M. Delmart. — Je demande que ceux qui possèdent, qui gagnent, qui détiennent la fortune publique dépensent quelque chose. Que ce soit la bourgeoise ou la princesse qui donne la mode, pourvu que la mode soit donnée, c'est tout ce que nous demandons.

Je suis allé à la dernière réception de la préfecture ; j'ai vu qu'on s'entassait les uns sur les autres et pas de dames, parce qu'elles n'y trouveraient pas de place.

Vous devriez tâcher d'amener le Gouvernement à changer cette manière de donner des fêtes ; vous avez assez d'influence pour cela.

M. le président. — Nous ne pouvons exercer qu'une influence personnelle.

M. Hugot. — Je vais vous faire une observation que je lis sur les lèvres de M. Passy, c'est que, en nous plaçant au point de vue économique, les fêtes sont, jusqu'à un certain point, contraires à l'accroissement de la richesse nationale, et que l'argent dépensé en bals, rapporte beaucoup moins que l'argent employé dans l'industrie, c'est-à-dire consacré à des dépenses reproductives d'utilité.

M. le président. — Monsieur Passy, vous ne refusez pas de vous associer à cette appréciation ?

M. Delmart. — Qu'on le dépense en fêtes, ou autrement, peu importe, Nadaud a dit : Quand le bâtiment va, tout va. Je dis, quand l'industrie parisienne va, tout va. L'étranger vient à Paris pour s'amuser : et il vaut mieux qu'il s'amuse en bals ou en fêtes que de laisser de l'argent dans des mains dans lesquelles il ne devrait pas en laisser.

M. Frédéric Passy. — Je ne veux pas discuter, je demande à dire que, quoique dans une assez large mesure, je sois de l'avis de mon honorable collègue, M. Hugot, la question demanderait à être examinée avec plus de soin. Je ne voudrais pas avoir l'air d'être compromis devant ces messieurs.

Et pendant une autre séance, voici le colloque qui s'engageait entre des déposants et des membres de la Commission :

M. Lepère. — Vous avez parlé tout à l'heure de certaines économies dans la représentation ministérielle et présidentielle. Croyez-vous qu'une addition d'appointements permettrait de donner un nombre de fêtes suffisant pour donner à votre industrie un accroissement considérable? N'y a-t-il pas, d'autre part, une diminution assez sensible dans les fêtes données par la société, l'aristocratie, les gens riches?

M. Tainturier. — L'une suit l'autre ; si M. le sous-préfet donnait une ou deux réceptions dans l'hiver, le président du tribunal en donnerait également, et ainsi de suite : cela ferait une série de petites réceptions qui feraient vendre les marchands de nouveautés de la ville.

M. Lepère. — Je ne parle que de Paris.

M. Dreyfus. — Veuillez me permettre de citer un exemple pris à Paris. Les bals de la présidence sont devenus un véritable écrasement ; les dames, au lieu de commander des toilettes fraîches, mettent celles qu'elles ont.

On lance pour ces bals 10.000 invitations, alors que les salons ne peuvent recevoir que 2.500 personnes. C'est, je le répète, un écrasement où les riches toilettes font absolument défaut. Il vaudrait bien mieux donner des soirées plus fréquentes en restreignant le nombre des invitations.

M. le président. — Il est impossible de ne pas être frappé de la justesse d'une pareille observation, au point de vue de votre industrie.

M. Dreyfus. — Cela intéresse également toutes les industries de luxe.

M. Carnot semble avoir pris bonne note de ces
doléances du commerce parisien, car, depuis son
avènement à la présidence de la République, il s'est
plus attaché à multiplier les fêtes qu'à donner par
devoir professionnel, comme semblait le faire
M. Grévy, ces bals énormes où la cohue empêche
toute jolie toilette de se produire.

Et surtout, faisons, au point de vue commercial, le moins de politique possible. Il a été de bon
ton dans un certain monde d'affecter de se fournir
à l'étranger, pour rendre plus navrante la situation
du commerce parisien et en tirer profit au point de
vue politique. C'était semer le vent pour récolter
la tempête. Écoutons les délégués de la chambre
syndicale des ouvriers cordonniers, faisant le talon
Louis XV, comparaissant devant la même Commission d'enquête :

M. Daubanáy. —Il y a trente ans, les salaires étaient les
mêmes qu'aujourd'hui ; dans certaines maisons, les façons
ont diminué. Aujourd'hui le travail est beaucoup mieux
fait, et les chômages sont plus longs qu'autrefois.

Le malaise, depuis deux ans, a été d'une intensité que
nous n'avions pas encore connue. Sur les 400 ouvriers de
la spécialité, 60 au maximum ont pu continuer à faire ce
travail ; les autres ont été obligés de se rejeter sur d'autres
spécialités, et alors ils faisaient tort à leurs camarades de
ces spécialités. La misère a été lamentable.

Quant aux causes du malaise, voici les principales, selon nous :

L'aristocratie et la haute bourgeoisie, en haine du régime politique actuel, se restreignent ou envoient leurs commandes à l'étranger, dans l'espoir qu'un long chômage détachera l'ouvrier du gouvernement républicain. Nous sommes certains de ce fait : des clientes qui commandaient autrefois sept ou huit paires de chaussures n'en commandent plus que deux ou trois ou même les font venir de Belgique ou d'Angleterre.

M. Jametel. — Est-ce que l'article est moins cher à l'étranger ?

M. Daubanay. — En Belgique, c'est à peu près la même chose ; en Angleterre, c'est plus cher : les façons qui sont payées ici 9 fr. sont payées 12 ou 13 fr. en Angleterre.

M. Andrieux. — Sont-ce les marchands qui font venir ici des produits étrangers, ou les Parisiennes elles-mêmes qui y envoient directement leurs commandes ?

M. Daubanay. — La petite bourgeoisie achète dans les magasins de nouveautés, mais l'aristocratie fait ses commandes directement dans des maisons anglaises.

M. Langlois. — Quelles sont les maisons qui fournissent l'aristocratie du faubourg Saint-Germain ?

M. Daubanay. — Les maisons P..., P... et M... ; depuis dix-huit mois ces maisons travaillent peu.

M. Langlois. — Est-ce le krach qui en est la cause ?

M. Daubanay. — Peut-être à la suite de pertes énormes, les dames de la haute banque et de l'aristocratie se sont-elles restreintes ; mais je crois que cette partie de la clientèle fait des commandes en Angleterre.

M. Brialou. — En haine de la République!

M. le président. — On ne peut pas constater ce sentiment !

La politique est la mortelle ennemie de la mode. Combien d'industries l'étranger ne doit-il pas à nos discordes civiles ? Sans remonter à l'édit de Nantes, sans rechercher quelle a été l'influence de l'émigration en 1793, on ne peut nier que l'expatriement d'un grand nombre d'ouvriers parisiens, à la suite des événements de 1871, n'ait pas été un appoint précieux pour nos concurrents étrangers.

Nous avons commencé ce volume par une allégorie, terminons par un vœu — allégorique.

Dans une des galeries du nouvel Hôtel de Ville, un peintre distingué, M. Galland, a été chargé de personnifier par des figures symboliques les principales industries parisiennes ; nous souhaitons que dans l'ensemble de sa composition, deux figures prennent place : la *Mode* et la *Paix*, deux femmes belles et souriantes, s'en allant la main dans la main.

TABLE DES MATIÈRES

CHAPITRE VIII

LES TAILLEURS

CHAPITRE IX

L'ART DU COUTURIER

CHAPITRE X

LES GRANDS MAGASINS

Imp. de la Soc. de Typ. « Noizette, 8, r. Campagne-1re, Paris.